小さな会社の「生き残る社長」と「潰れる社長」の習慣

The Power of Habits
Can Change Your Life.

50 Habits of Small Business Owners
to Survive in the Tough World

社長の相談役／司法書士
奥村 聡
SATOSHI OKUMURA

はじめに

「はい、○○司法書士事務所です！」

1コール鳴りおえる前に、若手の女性スタッフが元気な声で電話に出た。

5秒すると、顔が曇った。落ち着かない様子となり、こちらに助けを求めるような視線を送ってきた。

（また、トラブルか……）

私の心臓の鼓動は速まり、胃の中がゾワゾワしはじめる。

当時の私は、現場の仕事をスタッフにまかせ、事務所経営に専念していた。経営と言えば恰好がいいかもしれないが、結局は、内部で起きた問題や外部からのクレーム対応が仕事の大半だったりした。

事務所スタッフの人数は増え、人が増える割合にもまして起きる問題の数が増えた。お客様と揉めることになったトラブルも少なくない。

クレーム処理のために奪われる私の時間は長くなった。

苦しいのは、心労だ。

仕事の心配事や不安は、私のプライベートな時間まで浸食していった。風呂に入っていても、ベッドで横になっていても、それらは私の頭を支配し続けた。


自分なりにもがき、頑張ってはいたと思う。

だが現実は冷酷だ。生産性は急激に下がって利益が出にくくなった。お客様に頭を下げ、スタッフには気をつかい、資金ぐりに腐心することが常態化した。

いつのまにか私は自覚を失うほどに疲れ果てていた。ストレスが積み重なり、限界に達してしまったのだろう。


トラブルの電話に出ているスタッフの姿をぼんやりと眺めていたら、ふと、私の心の底が破れ、緊張感も闘志も流れ出てしまった。

(ダメだ、もう。すべておわらせよう)

私は直感的に決断した。事務所を閉鎖する。何としても、だ。

どうやって解散するか、その後どうするか、そんな計画性なんて知ったことではない。

とにかく目の前の現実を終わらせなければ、自分が闇に飲まれて消えてしまう……。

・・・

筆者の私は、司法書士の資格を取得して27歳のときに事務所を開業しました。今より20年ちょっと前のことです。

幸いすぐに仕事が舞い込むようになり、開業4年目くらいまでは、この世の春を謳歌させていただきました。

「お金を稼ぐことなんて超簡単♪」

当時の偽らざる私の感覚です。商売をちゃんとやったこともない若造が、調子に乗って、世界をなめまくっていた時代です。本当にお恥ずかしいばかり。

ところが、あるとき経営方針を変えたことで、世界が一変しました。

事務所の組織化、大型化、多角化に向けてアクセルを踏み込み、泥沼にはまっていったのです。

すべてがうまくいかなくなってしまったことでストレスを抱え、当時の私の心理状況としては、リセットしてゼロからやり直す以外の道がなくなりました。

一度は解散を決めた事務所ですが、ご縁のおかげで、同業の大手グループに引き継いでいただくことができました。

廃業を覚悟していたものが、M&Aになったのです。スタッフを解雇しないで済んだうえ、事業売却の対価までいただけました。想定をはるかに上回る最良の着地点にたどり着けました。


創業した事業をM&Aで売り抜けた。

ここだけ切りとると、なかなかカッコいいものがあるのでしょう。成功の二文字も目に浮かんできます。

でもやっぱり、私にとっては完全なる挫折経験でしかありません。経営の失敗です。

「私はなぜうまく経営できなかったのか」

「どこで間違ってしまったのか」

後悔のようなこの問いはその後もずっと後をひきました。

司法書士事務所の経営を終えた私は、コンサルタントに転身しました。お客様と直接やりとりする手ごたえに飢えていたのでしょう。中小企業の社長という方々に対して強い愛着を抱いてもいました。

コンサルティングの対象は「社長が、社長をやめる場面」に設定しました。

誰しも社長をやめるときがきます。

会社を社内の誰かに継がせるケースがあれば、私のように外の第三者に売却する場合もあります。廃業を選択し、自ら会社を消滅させることもあります。これらのとき、社長は社長をやめることになります。

また、人によっては、会社の命運に決着をつける前に、自分の命が尽きてしまうこともあります。

社長人生の終焉という場面に対して、警戒し、準備し、うまく着地させるためのコンサルティングを実施することにしました。

立場上、私はたくさんの社長人生を垣間見ることになりました。

志半ばで力尽きた社長や、悲惨なおわり方を迎えた社長がいました。その一方で、長く生き残り、最後は安泰の中で社長人生の幕を下ろした人もいました。

特に私は、後者の社長に刮目させられました。

とんでもなく失礼な表現をすることを、あらかじめお詫び申し上げます。

たいしたことない会社の、たいしたことない社長が、悠々と幸せに社長人生を全うしていたのです。実は、結構な額の退職金までもらって会社をやめていたりするわけです。

こんな方々がたくさんいました。

かつての経営者時代の私は「普通では生き残ることはできない」と思い込み、勝手に焦りを感じてジタバタしていました。

しかし、たいしたことのない社長たち（重ねて失礼！）を知ったことで、どうやらそんな必要はなかったと、手遅れながら気づかされることになりました。

では、どうすればいいのか。さらに調査と探求を進めました。

見つかったポイントの紹介と解説は本編に譲るとして、その方法論を一言で表現するならば「息の長さを目指す」ということになります。すごくなくていい。たくさん儲けなくていい。いかに長くやれるようにするかが勝負です。

こう聞くとあなたは、普通過ぎて拍子抜けしてしまったかもしれません。

しかし、息の長さを価値基準としたとき、現在の常識とされるものの多くは誤りであることが露呈します。

駆け出し経営者だった頃の私は、こんなアプローチを試みました。

・売上を一気に増やして、シェアや市場をおさえてしまう
・事務所の規模を大きく成長させる
・ほかに真似できない特別な事業やサービスをつくる
・目標達成のためにトップが全身全霊で会社に尽くす
・自分が有名になる……など

これらは世間一般でよいとされていることではありませんか。

ところが、「息の長さ」に役立つのかという視点で見たとき、これらは無意味か、むしろ逆効果になっていました。

悲しくなります。昔の自分に教えてあげたいくらいです。

息の長い社長を目指す道は、地味かもしれません。やり切れたとして、それがものすごく大きな成功につながることもないでしょう。

しかし、ほどほどの成功は待っているし、何より勝率は悪くありません。誰であっても、それこそ私をはじめとする特別すごい才能を持っていない人間であっても、十分に目指せる道なのです。

コツコツとやるべきことをやり、世間から注目されることはなくても、着実に稼ぎ続ける。目指すのはこんな成熟した大人の姿だったりします。

そもそも我々が商売をしている日本がすでに成熟社会です。本来、経営をする私たちだって、成熟した戦い方ができなければならないはずです。

ところが、ちまたで見聞きする経営論や人生哲学は、幼稚化が進んでいるような気がしてなりません。

成熟し、息の長さを体現する者にとって、この世界には追い風が吹いているのでしょう。

小さな会社の生き残る社長の習慣を、ともに見に行きませんか。

第2章 自分の整え方

第4章 関係性

第5章 おわりを創造する

第1章

ロングライフ戦略

小さな会社の

01
生き残る社長は長く続けることを目的にし、潰れる社長は大成功を目的にする。

世の中には、誰かの成功物語があふれています。

今ならメジャーリーガーの大谷翔平の活躍であったり、経営の世界ではアップルの故スティーブ・ジョブズの物語であったり、古い話では豊臣秀吉の立身出世物語であったり。

皆さんこういう「すごい人」による「すごい成功物語」が大好きです。

たしかに、他者の成功物語を見聞きすると、自分の気持ちが高まります。まるで自分まで、そんな大成功ができたかのような気分になることすらあるでしょう。

ところで、あなたも、そんな大成功ができますか。

「可能性は誰にだってあるはずだ」

こう答えるかもしれません。そうですね、可能性ならばあるでしょう。

しかし、可能性という言葉を持ち出してくるのであれば、私も可能性で語りましょう。

世の中で語られるような大成功を私たちがおさめられない可能性のほうが、はるかに、はるかに高いのです。

帝国データバンクによると、2023年に全国で新設された企業は、15万2860社だそうです。では、一般的に企業経営における成功のひとつとされる、上場を実現した企業数はどうでしょうか。

96社しかありません。

皆が上場を目指すわけでもないし、上場＝成功だとも言えません。しかし、これらの事情を差し引いたとしても、たったこれだけ、という数ではありませんか。

大人の私たちは、夢だ、可能性だとばかり言ってはいられません。現実的であることも求められます。

とはいえ、やっぱり、成功を求める気持ちを捨てられないのも人の常でしょう。そこで私は、成功とは何かをもう少し掘り下げてみます。

成功には2つのパターンがあると考えています。

ひとつは、「バーン！」と大成功するパターンです。わかりやすい、目を見張るような、大きな成果を実現する成功です。大谷翔平やスティーブ・ジョブズです。あっという間に、一気に大成功を手にしてしまう感じも受けます。

世間で語られる成功物語というのはこちらです。

もうひとつの成功パターンは、小さな成果を積み重ねるタイプです。コツコツと努力し、そうして長い距離を走り切ります。

こちらの成功パターンは、はっきりいって地味です。だから、人から憧れられることも少なく、成功物語として語られることはありません。

しかし、これはこれで、立派な成功ではないでしょうか。

成果にフォーカスすると悪くはありません。時間をかけて積み重ねられた小さな成果は、ときに、世間で語られる大成功を凌駕します。

私がお会いしてきた、幸せに社長人生を全うした方々も、こちらのタイプばかりです。

私は本書で、長く社長業を続けられること自体を、ひとつの成功と定義します。

そしてあなたを誘います。

01 生き残る社長は、長く続けることを目的に置く

「長く続けることを、経営と人生の目的にしませんか？」

コツコツと長く続けるスタイルを『**ロングライフ戦略**』と呼ぶことにします。長く続けることを前提とし、息の長い社長になることを目的とします。

「ロングライフ戦略なんて名前をつけたって、言っていることが当たり前過ぎるぞ」と反感を抱いた方がいらっしゃるかもしれません。

しかし、私に言わせれば、長くやることを明確な目的としている社長なんて、ほぼいません。忌憚なく言えば、皆さんただ何となく続けているだけです。

長く続けることを意識すれば社長の立ち居振る舞いが変わります。ゴールまでの完走を、実現できるようになります。

こんなロングライフ戦略は、すべての小さな会社の社長にオススメできる戦略です。誰でも、無理なく、十二分に狙える成功パターンだからです。

小さな会社の

02

生き残る社長は長い時間を味方にし、潰れる社長は一時の勢いに乗る。

正直なところ、私は世の中に本当にすごい人なんてそんなにいないと思っています。たしかに、一時的に成功してのし上がる人が出現します。勢いに乗り、時代の寵児としてメディア等からもてはやされたり、と。

動きが派手なので人目を引きます。しかし、本人の実力なのでしょうか。本人は「自分の力だ」と勘違いしやすいようですが、たまたま環境が味方してくれたり、時代の波に乗れただけというのが実際のところかもしれません。

一方で、時間軸が長くなると話は変わります。

運の要素は減り、より実力が試されることになります。

新人のプロ野球選手が、運よくデビュー戦でいきなりヒットを打つことはあっても、その後もずっと活躍し続けるためには本当の実力が不可欠です。

会社経営という世界でも同様です。時間軸を長くとれば、実力がある社長ならば手堅く成功できるようになるのです。幸い中小企業経営の世界は、プロのスポーツ選手のように、特別な才能を持った人間同士が、わずかな勝利の席を奪い合うようなシビアな世界ではありません。

であれば、運まかせになってしまう短期的な成功を狙うより、長く仕事をする戦略のほうが合理的だということになりますね。

ところがそれでも、刹那的に勝負に出たがる人は後を絶たないのかもしれません。たとえば、宝くじの当選確率なんて本来めちゃくちゃ低いものです。冷静に数字を検討したら普通は手を出さないはずです。

しかし人の心理には「ほかの人は当たらなくても、自分ならば当たる」というバイアスが働きます。

こんな心理が、まっとうな努力を軽視し、無謀と思える博打を仕掛けさせるのでしょう。絵にかいたような短命でおわる社長に直行です。

生き残る社長ならば、時間を長く使って、確実な勝利を選びます。

人生の時間の使い方という意味でも、私はロングライフ戦略を好みます。

世間では、ＦＩＲＥとか何とか言って、資産運用により不労所得を得て、早く仕事を辞めようという思想や生き方が流行っているようです。

しかし、ロングライフ戦略に立てば、早期リタイアを目指すことは、ナンセンスです。

金を稼ぐ手段という意味において、どこかの誰かに投資するよりも、本業のほうが堅実です。自分の事業ならば、自分でコントロールできるのですから。

また、環境が変化しようとも、自分で事業をやっていれば対応が可能です。不労所得に依存している人間よりも生き残る力が強いことは間違いありません。

さらに日本の税制は累進課税制度です。少しずつ、長く、ほどほどに稼ぎ続けるロングライフ戦略が有利にはたらきます。

納める税金をセーブしながら、長くお金を貯めることで、最終的に手元に残せるお金を大きくすることができるのです。

問題は金だけではありません。

生きがいという精神的な意味合いは、時に、金以上に大切です。

人生100年時代だとか言われていますが、FIRE志望の方々は、仕事をしないでどうやって人生の長い時間を埋めるのでしょうか。

「趣味を楽しめばいい」という意見があるかもしれませんが、仕事ほど熱中できるのか疑問です。私のような、これといった趣味もない人間には、仕事以上の生きがいなんてありえません。

仕事があるから社会との接点ができて、生きがいを持てるのではありませんか。

そんな大切な仕事を、自ら早期に捨てようとする発想は、謎でしかありません。

もし、仕事がつまらないなら、楽しめるようにすればいいし、本気になれないならば、熱中できる仕事をみつければいい。私たちは事業主なのです。

02 生き残る社長は、長く働くことを選んで満たされる

小さな会社の

03

生き残る社長は組織を小さく保ち、潰れる社長は大きくなろうとする。

「先生の事務所はスタッフ何人ですか?」

弁護士や税理士などの士業が集まる異業種交流会ではド定番の質問です。この質問で相手のレベルを探ります。要は「人数が多いほど上位」という、マウントのとり合いなのです。

私が司法書士事務所の経営をしていたときは、地域で一番大きな事務所でした。だから得意げに「15人雇用しています」みたいに答えていました。

実に未熟、実におろか。今思い返すと顔から火が出るほど恥ずかしい気持ちになります。

資格業に限らず、小さいより、大きい会社のほうが優れているという認識がどの業界でも一般的でしょう。

しかし、規模が大きければエラいと考えることは、愚の骨頂。生き残る社長は大きさなんて追い求めません。

ロングライフを目指すのであれば、事業規模を統制しなければいけないのです。

まずもって、**事業内容や、どんなスタイルで経営するかによって、適正な組織の大きさというものがあります。**デカければいいという話ではありません。

さらに、個人的には、できるだけ規模は小さく抑えたほうがいいとすら考えています。

ところが、多くの社長は事業規模というテーマに対してぼんやりしてしまっています。何となく「大きいほうがいい」と考え、思想も哲学もなく、ふわふわと組織を大きくしようとしてしまいます。これはまずいです。

何ゆえ、組織の規模を大きくしないほうがいいか。

大きくなると自由を失うからです。小さいほうが自由なのです。

たとえば市場選び。組織が大きくなれば、必然的に、スタッフを食べさせるだけの仕事がある大きな市場しか選べません。一方で、**組織を小さく保っていれば、どの市場で商売をするかの自由度が増します。**

売上や利益の関係でも、小さい組織が有利です。

組織が大きくなったら、売上もたくさん必要になります。すると、やりたくない仕事であったり、付き合いたくない客とだって付き合わなければいけなくなります。

売上欲しさに値下げをしてしまい、地獄の階段を転げ落ちた会社を、皆さんも目撃したことがあることでしょう。売上を追いかけた結果、利益は減ったのに仕事ばかりが増え、組織が疲弊し、内部崩壊が起きる。これが典型的な転落ストーリーです。

小さな組織ならば、生存に必要な売上なんてすぐに満たせます。そうなると仕事を選ぶことができます。気持ちの良い付き合いができる顧客とだけ付き合ったり、十分な利益が残せる仕事だけを手掛けることができます。

「いやいや、大きな組織になればスケールメリットが活かせるようになる」

組織拡大主義者（？）からよく聞かれる意見です。

しかし、実際にスケールメリットが作れるようになるまでは、長く険しい道のりが待っています。そこまでたどり着ける組織は多くありません。

他を圧倒する存在になれて、ようやくスケールメリットが生まれるという感じです。ところがライバルは簡単に負けてくれません。自分たちが大きくなると、それに比例するように、より強大なライバルが出現することになるから泣けてきます。

組織が大きくなると、スケールメリットどころか、往々にして非効率になります。小規模でやっていたときは、いろんなことが「なあなあ」でやれます。不備があろうが、規模の小ささを理由に許される面があるのです。

ところが組織が大きくなると、各所を整備し、メンテナンスもしなければいけません。業務の報告と意思決定のルールを作ったり、社内の業務のマニュアルを作ったり、タイプの違う会議を複数開催したり、人事評価制度を作らなければいけなくなったり……、まあ大変。小さな会社の生命線だった機動力と融通性はこうして損なわれます。

一度、規模の拡大へアクセルを踏んだらもう戻れません。

戦略なく組織を拡大してはいけないのです。

ただし、会社には常に成長が必要です。成長＝規模の拡大ではないということです。

03 生き残る社長は、意識的に規模を小さく保つ

小さな会社の

04

生き残る社長は定義づけを習慣とし、潰れる社長はその都度判断する。

ロングライフ戦略においては、手数の多さは重要ではありません。むしろ逆。いかに手を出さないで済ませられるかが勝負です。

余計なことをしないことがとても重要なのです。やらなくていいことまでやってしまった結果、奈落の底に落ちていく……こうして潰れた社長がいかに多いことか。

打つ必要がない球を悠然と見送れるようになっておきたいところです。

この課題に対し「やらないことリスト」を作成しておこうという提案は、いまどきのビジネス書ではよくなされています。

あらかじめやらないことを決めておくことで、無駄なことに奪われる時間や金を守ろうという意図でしょう。有効です。

私がさらにオススメするのは「**定義づけ**」**をしておくこと**です。

やらないことリストと比較すると、こちらのほうがボリュームを小さくすることができるし、応用が利きます。

あなたの会社の役割は何であるかを、定義できていますか。

参考のために、恥ずかしながら私の役割の定義を紹介させていただきます。

現在の「社長の相談を聴く」の前は「社長が、社長をやめるお手伝い」と置いていました。だから、役割の定義に則して、社長交代や廃業のコーディネートを手がけていました。

定義を決めておけば、新しい機会が舞い込んできたときに、やるか、見送るかの正しい判断ができるようになります。

たとえば、ちょっと儲かるようになると、周囲の人間が新しい儲け話を持ちかけてくることがよくあります（実はそれが詐欺話のときも）。

こういうときに儲かるかどうかで、やる、やらない、を判断すべきではありません。あくまで定義に立ち返って考えてください。

「その話は自社の役割の定義から外れているので断る」

定義に対して誠実でストイックでいることが、身を持ち崩すことから守ってくれます。

自社の役割を定義づけできたら、一段階降りたところで、商品やサービスの定義、顧客の定義、そして、自社商品と顧客をつなぐチャネルも定義しておくとよいでしょう。

廃業をしたい会社や、倒産の二文字が目前に迫っている会社の社長から「顧問の会計事務所が何のアドバイスもくれなかった」と文句を聞くことがよくあります。

はたして会計事務所に非があるのでしょうか。こういうとき「困っている人がいるんだから助けるのは当然」のような道徳論を持ち込むのはふさわしくありません。

ここでも支援するか否かの判断は、どんな定義づけがされているか次第なのです。

会計事務所の顧客の定義に入っているのか。自社のサービスの定義に照らし合わせると、廃業や倒産回避はサポート対象なのか。いつも定義が絶対的なものさしです。

もし会計事務所が、顧客の定義を「前向きに伸びていこうとする会社」としていたならば、廃業しようとしている会社は支援対象からはずれることになるでしょう。

私たちの持つ資源は無限ではありません。何でもかんでもできません。

もし定義づけをせずに商売をしてしまうと、判断や行動がブレたり、ときに泥沼に引きずり込まれて余計な苦労をさせられたりすることにもなりかねません。

最後に定義づけの注意点です。

定義が、魂の入っていない、とってつけたようなお題目になってしまうことがありますが、それではまったく意味がありません。

どんな商売をするか。どんなサービスを提供するか。誰かがあなたに強制したものではありません。定義づけとは、そのようなものに対して、**あえて自ら「責任を背負ってでも、やらせていただきます！」と意思表示をするようなもの**です。顧客や世間に対する、約束の表明です。

であれば、適当に定義づけをすることなんてできないはずです。

定義は、実感があり、具体的で、個性的なものです。

意義のある定義づけができているときは、血が通っているように感じられるものとなることでしょう。

04 生き残る社長は、自社の存在やサービスを定義する

05 小さな会社の

生き残る社長は顧客への価値提供にコミットし、潰れる社長は儲かる商売を探す。

「奥村さんさあ、何か儲かる商売ないの？」

稼げていない会社の社長からたまに聞かれる質問です。申し訳ありませんが、この質問をする方ってセンスがないと感じてしまいます。

そんなの知っている人はいないし、万が一、確実に楽して儲かる商売があったとして、教えてもらえるわけがありません。

「儲かるからやる」という姿勢を、私はまずいと感じます。潰れる社長の姿勢です。往々にして「儲かるからやる」は、「儲かりそうなら何でもやる」につながります。その先には何が待っているでしょうか。

まず、「期待していたように儲けられなかった」という残念な結果です。自分たちがそれをやる必然性がなく、金だけを求めた先にある商売なんて、そんなものでしょう。

かりに最初はうまくいったとしても、すぐに廃れます。儲かるもの、儲かりそうなものには、すぐに人が群がってきます。

タピオカ屋、高級食パン屋、コインランドリー、無人餃子店……。新規事業として一瞬だけ流行って、あっという間に消えていったものの屍は数え切れません。

儲けというものは、目的にしてはいけません。

儲かることは、会社が生き続けるために必要な条件にすぎません。

では、儲けではなく、何を目的とするか。

お客様に価値を提供することです。**貢献にコミットすること**です。

息の長い社長は、儲けるために仕事をしません。**いい仕事をした結果、儲けさせていただくという前提に立ちます。**

お客様にどんな価値を、いかに提供するかを常に考え続け、事業を磨きます。

儲かる商売をやるのではなくて、儲かるように工夫します。

いい仕事をして顧客に価値を提供できるようになるためには、お客様のことをよく理解する必要があります。

どんなニーズがあるのか。顧客自身が自分でもまだ把握していない潜在的な需要は何か。どれくらい予算があるか。これらがわかっているから、商品サービスを適切に提供できるようになります。

発明家タイプや技術優先の社長が苦戦しやすい理由がこの点です。技術がすごかったり、特許をたくさん持っていたり。でも、経営的には全然稼げていないケースです。

このタイプの社長は、顧客が見えていなくて、商品やサービスが独りよがりになりがちです。スキルの高さがあだになるのでしょう。

顧客に価値を提供するという姿勢を商品・サービスづくりの起点にできれば、正しい方向に進めるようになるはずです。

顧客を理解し、価値の提供にコミットすることで、顧客との間に約束が生まれ、会社は使命や責任を負います。このあたりは自社や商品の定義づけのところでもお話ししました。

ロングライフを実現する社長はここをよくわかっています。責任を自覚し、顧客から逃げないから、いい仕事を生み出します。

肚をくれている息の長い社長と比較したら、「儲かる商売ないの？」という社長がいかに薄っぺらな存在になってしまうかは、簡単に想像できることでしょう。


顧客への貢献にコミットする姿勢が、事業の成否に大きな差を生じさせます。

たとえば、会社とスタッフの関係。「うちの会社は、金を儲けるためにやっている」と社長が説く会社と、「うちの会社は、顧客に価値を提供するという約束を果たすためにやっている」と説かれる会社があったとして、どちらの会社の社員のほうが、いい仕事をするでしょうか。どちらの会社の社員のほうが、顧客からの支持を得られるでしょうか。

アルキメデスは「我に支点を与えよ。されば地球を動かさん」と言ったそうです。

顧客への貢献を核とする企業文化や哲学は、分散しがちな個々のメンバーの力を集結させる支点となります。

05 生き残る社長は、顧客への価値提供を軸にするから稼ぎ続ける

06

小さな会社の

生き残る社長は自分の個性を生かし、潰れる社長は無難な会社を目指す。

成熟社会でも生き残れる会社ってどんなものでしょうか。

経済が右肩上がりであったときは、無難にやっていればうまくいきました。でも成熟社会になると、みんなで一緒に上がっていくことはできません。居場所を確保できる会社と、求められなくなる会社で二極化します。

残る会社は、**独自性を持つ会社**なのでしょう。そつのない無難な会社よりも、独特な存在になることがロングライフを実現しやすいと考えます。

ただし、独自性といっても、誰の目にもわかりやすい基準で勝負するのはしんどいものがあります。規模、立地、単純な技術力……。上には上がいます。

それよりも私ならば、**個性で独自性を創ろう**とします。

ミュージシャンにたとえるなら、高音まで声が出るとか、速く楽器演奏ができるといったところで勝負するのではありません。持ち味や雰囲気で勝負する感じです。

「何かあの人の歌はいい感じなんだよなぁ」と、好意を抱くときってありますよね。会社を一人の人間とみなし、そこに個性を見つけて育みます。

会社の個性はどうやって見つけ、育てればいいのか。

私は「**社長の個性を会社の個性にしてしまう方法**」をおすすめします。このやり方には無理がありません。何より、小さな会社だからこそやりやすいという面もあります。

私が関わった、社長の個性を会社に移植したケースをご紹介しましょう。

コンサルティングをさせていただいていたある墓石店がありました。

昔より墓石は売りづらくなり、価格競争に巻き込まれていました。そんな経緯もあってか社長は目先の利益にとらわれがちです。

私はもっと根本的なところから構築していかなければいけないと考え、自社の仕事の定義や事業コンセプトから固める提案をしました。

事業コンセプトなんて言われても社長にはちんぷんかんぷんです。

それでも私はコンセプトづくりのヒントを探し続けました。

会議のとき社長が「いかに現代の供養が間違っているか」「お墓に対する姿勢が間違っているか」と熱弁をふるいはじめたときがありました。これはよくあることで、一緒に参加していた社員は「またはじまった」という顔をしています。でも、私は何かを感じていました。

（社長って、お墓への思いが異常に強いし、供養や宗教にもめちゃくちゃ詳しいし……）

思わず口にしました。

「お墓の先生をやればいいんじゃないですか？」

この一言が突破口になりました。お墓の先生になるという事業コンセプトが見つかり、ここからサービス展開や顧客との関係性が大きく変わっていきました。

もうひとつ、別の、販促物の作成などをしていた会社のケースです。

先代の父親が健康問題でリタイアし、息子が新社長として指揮をとりはじめました。事業は老朽化した感があり、ここ数年売上は減少。根本的に仕事を見直さなければいけない状況です。やりたいことや、目指したい方向性はないか、私は新社長に聞きました。

すると「これからはエコの時代だから、云々かんぬん……」と。私には、どうも当たり障りないことを言ってとり繕っているようにしか感じられませんでした。

それでも何とか切り口を見つけようと、質問を続けました。

「では、今まで仕事をしていて、一番グッと来たときは？」と聞いたときです。

新社長の目がキラリと光りました。

「チラシの発注があったのですが、普通だったら到底間に合わないものでした。でも、『何とかしようぜ！』と社内のみんなで力を合わせて大急ぎで制作し、新幹線の最終便に乗って私がチラシを東京から大阪まで運びました。

チラシを手渡したとき、お客様から『おたくら、ここまでやるの⁉』とあきれられました。この一言を聞いたとき、心底うれしくなって、体に電気が走りました」

（新社長は、けっこう変わっている人かも……）

でも、それがいいのです。個性は武器です。

「ここまでやる⁉」を合言葉に、会社は再び走り出しました。

06 生き残る社長は、自分の個性を会社の個性にする

07 小さな会社の生き残る社長は新しいものに慎重で、潰れる社長は最新を追いかける。

私が独立してから少したつと、ホームページの時代になりました。業者は時代遅れになってしまう不安をあおり、盛んに営業をかけていました。ホームページ制作がひと段落した後は、同じような業者が今度は「これからはブログです！」と宣伝していました。「ホームページを作ってみたけれど仕事がとれない」という社長たちに対しては、SEOの提案が流行り、インターネット広告に落ち着いたり……。

メルマガの流行もあって、それからフェイスブックや旧ツイッターなどのSNSの流行がきて、「時代はユーチューブで動画だ！」とまた次のネタが投げ込まれました。メタバースでしたっけ、インターネット上の仮想空間なんてものもありましたね。

現在は生成AIでしょうか。世間は「AIすごいよ。遅れるな」って感じです。

ネットマーケティングの変遷を思い起こしてみましたが、何だかうんざりしてしまいました。新しい流行が生まれ、右往左往させられた感覚がよみがえります。

新しいものが次々と出てくるのは、何もネットの世界だけにとどまりません。

たとえば経営手法でもそうでしょう。〇〇戦略だとか、〇〇経営とか、〇〇主義だとか、いろんな流行がありました（かくいう私もロングライフ戦略だとか言い出しています）。

世の中には次々と新しいものが生まれます。様々なものが流行ります。

ここであなたと一緒に考えてみたいことは、新しく出現してくるものに対して、いかなるスタンスをとるべきなのか、です。

大胆に断言しちゃいましょう。

「**新しく生まれるものの大半は、役に立ちません**」

何かが出てくると、ニュース性があるためメディアは騒ぐし、注目も集まりやすくなります。人々は、新しいものを「よきもの」という感覚で見がちです。

でもその後、新しいものはすぐに消えてなくなるのが普通です。

ポッと出の存在はすぐに消え去ります。逆に、昔からあるものは、今後も長く残る可能性が高いところです。

だから、基本的に新しいものには手を出さなくていい、という結論になります。

しかし、厄介なのは、新しいものの中にも、手を出さないとまずいことになる本物が、少しだけ交ざることです。

そこで、小さな会社の社長には「半歩遅れの戦法」をおすすめします。**最先端についていく必要はない。でも、本物が出現したときに、周回遅れになってしまわないようにくらいの注意はしておく。こんな距離感です。**

見送りを基本とし、「これはちゃんとやらないとまずい！」と思うものがあったときだけ、しっかり取り組むのです。

「ＤＸが重要だ」と世間で言われる時代よりずっと前に、社内システムの構築に思い切った投資をした会社がありました。

年間売上が1億に満たない中で1000万円近くの費用を業者に支払ったそうです。

それだけの投資をしたのに結果は散々なものでした。スタッフから「新しいシステムは不便で使いにくい」と猛反発を受け、結局元に戻されました。よくある話です。

これがもし、もっと時代が後になってからの取り組みだったら、どうでしょうか。社内で新システムを根付かせることができたのかはわかりません。それでも間違いなく、投資に必要な金額はずっと安く済ませることができたはずです。

初期は価格が高く、オリジナルのシステムをつくることになるので業者の手間もかかります。しかし、時がたつにつれて一般化して価格はこなれてくるし、汎用性の高いソフトなどが登場して、システムをゼロから構築する必要もなくなったりします。すると投資金額は、ひと桁少なくなっても不思議ではありません。

さらに、社会的にその取り組みが必要とされるようになれば、国や自治体などから補助金が出されることもあるわけです。

小さな会社には、慌てて最新のものに手を出すよりも、半歩遅れで様子を見ながら判断するくらいのスタンスが適していると考えます。

07 生き残る社長は、新しいものを追いかけない

小さな会社の

08

生き残る社長は顧客からかけられる手間を愛し、
潰れる社長は効率的にさばきたがる。

事業主になった当初、私は、ずっと一見さん相手の商売をしていました。利益率が高く、新規の案件はいくらでも獲得できました。そのため「顧客を組織化して、育てていく」といった取り組みを軽視して過ごしていました。

とても後悔しています。

もし、ちゃんと顧客情報を管理し、関係性のメンテナンスを続けていたら、今頃すごい顧客リストができていただろうな、と思うわけです。

小さな会社の場合は、やっぱりリピーター重視であるべきです。

京都の「一見さんお断り」の料亭のようなイメージが理想です。リピートしてくれるお客さんを大切にして、それで手堅く、長く続けることこそ美しい商売のモデルだと感じます。

小さな会社こそ、既存顧客に手間をかけるべきなのでしょう。

手間を嫌い、惜しんではいけません。

インターネットやデジタル技術が普及し、「既存顧客にかける手間を減らすべきだ」という論調に傾いている気がします。しかし、小さな会社だからこそ、その手間を許容するほうがよいと思うし、そこに勝機がある予感がします。大手が苦手とする世界です。


卸業を営んでいたある会社は、各地に営業所を作り、人材を配置していました。特別に儲かっていたというレベルではなかったのですが、手堅く、ほどほどにやっていた感じです。

先代が亡くなり、その子どもが社長を継ぐことになりました。高卒だった前社長に対し、新社長は大学院まで進んでＭＢＡまでとっていると聞いたことがあります。

その彼が、自分の代になってすぐ経営の効率化に全精力を注ぐようになりました。無駄をとことん排除しようとしたのです。

新社長は、営業所の存在にも疑問を持ちました。

「この時代に、わざわざ場所を作って、人件費をかけてまで人を置いておく必要があるのか。御用聞きのような営業スタイルもいらないのではないか」

各地の営業所の廃止を決断しました。

営業所の廃止により、経費が削られ、利益は大きく増えました。新社長の狙いどおりでした。

しかし、時間がたつにつれて、負の影響が現れてきました。客離れが目につくようになりました。会社が顧客のニーズを把握できていないことを露呈する場面も増えました。営業所の廃止が失敗だったと判断するには、まだ早いのかもしれません。しかし、私としては悪手を打ってしまったような気がしています。

このあたりの判断は、実際難しいところで、やってみなければわからなかったし、いいチャレンジになった可能性もありました。

ただ、顧客に対する手間やコストはできるだけ許容してあげるのがロングライフ戦略です。よほどでない限りこの部分にメスを入れることは、見送るのがセオリーでしょう。

そういう意味では、新社長はことを急ぎ、慎重さを欠いてしまったと言えそうです。

かつて、下請けをしていた息の長い社長に質問したことがあります。

「下請け業は嫌じゃないですか。発注元ってわがまま言うし、エラそうだし。そんな奴らにいいように使われるのって腹が立ちそうです」

「まあ、嫌な奴らだよ（笑）会社がデカいからって、自分がエラいと勘違いしてるヤツもいるからなぁ。

でも、頭下げて、とことん尽くしてあげればいいんだよ。

ウチはチャンスさえあれば、発注元の社員の仕事を何でも代わりにやってあげるようにしているの。そしたらどうなると思う？　あいつらは骨抜きにされてて、ウチがいないと仕事がまわらなくなるだろ（笑）」

思わず膝を打ちました。小さな存在でも生き残る術が、このしたたかさと老練さですよ。みなが顧客に手間をかけたがらない今、あえて密接な関係に迫っていく逆張りの姿勢は、おいしい商売につながるかもしれません。

08 生き残る社長は、顧客に手間をかけてあげる

小さな会社の

09

生き残る社長は現場をまかせず、潰れる社長は現場をまかせたがる。

私は地元のとあるカフェに行くのが好きで、毎回フレンチプレスのコーヒーを注文します。挽かれたコーヒーの粉にお湯を注ぎ、数分経ったら、蓋についたフィルターで上からプレスして粉をこして飲みます。

先日、いつものように注文をしたところ、何だかとても薄いコーヒーでした。「コーヒーの分量を間違えたのだろう」と思いつつ、特に文句も言わずに飲みました。

2週間後、再びカフェを訪ね、またフレンチプレスのコーヒーを注文しました。横からガラスの器の中を見るかぎり、また明らかに味が薄そうな色をしています。そこで今回は、コーヒーの粉をプレスする前にユサユサと器を揺すってみました。すると、粉がお湯と混ざり合っていつもどおりの濃さのコーヒーになりました。

（あっ！）私は思い出しました。そういえばこの店では、コーヒーの粉にお湯を注いだ後、店員がスプーンでお湯をかき混ぜてから提供していたのです。

ところが直近の2回ではその作業が省略されていました。こうして薄いコーヒーが提供されたわけです。店員のうっかりミスなのか、マニュアルの不備なのか、スプーンでかき混ぜなくなった原因はわかりません。

私は、現場の仕事はこうも簡単に損なわれてしまうものなのだと改めて思いました。息の長い社長であるためには、**現場の仕事は絶対死守。**基礎ですから崩壊させてはなりません。

私のクライアントの社長からは、驚きと怒りをもって、現場の従業員をしかり倒した話を聞いたこともあります。

その会社では、社長のアイデアで、コミュニケーションカードという仕組みをつくって、お客様とスタッフがやりとりできるようにしていたそうです。

「カードのやりとりで隠れていた問題に気づかされることがあるし、やりとりがあることで、お客さんはウチの会社に親近感や帰属意識を持ってくれる」と、社長は導入の意図を教えてくれました。

ところが、現場がそれを廃止してしまいました。

「返事を書くためにかなり時間がかかっていたし、コミュニケーションカードで売上が増えるわけではないのでやめました」とのこと。

社長はそれを聞いて、これまでにないレベルで激怒したそうです。廃止を主導したのが、経営幹部だったということで、さらにがっくりと肩を落としました。

「何が大切なことか、会社の中心メンバーですらわかっていない。長年ウチで働いてきてこのありさまですよ……」


読者の皆さんもこんな経験はありませんか。

現場の仕事が損なわれていないかは、いつも警戒しておくべきポイントです。

ここを従業員にまかせておくわけにはいかないのでしょう。こんな言い方をしたら失礼なのは承知の上ですが、従業員は従業員です。社長のようには考えないし、社長くらい本気で仕事や顧客に向き合ってもいません。


思えば、権限移譲だとか、スタッフが自動的に動く経営だとかの類は、一定周期で流行る気がします。

「たしかにスタッフが勝手に動くようになってくれたらいいなぁ」と、つられて心奪われる社長も出現します。この手の社長の本音はおそらくほとんどの場合、自分が楽をしたいから、でしょう。そう思うのは普通のことだし、悪いことでもありません。

ただ、はた目から見ている限りやっぱり無理があります。理想ばかりが先走っていて、小さな会社の現実にはそぐわない気がしてなりません。実際、トライしてもうまくいかなかった会社ばかりを目にしてきました。**指示しないで動くことを求めるより、言ったことをちゃんと実行できる組織をつくる**ほうがずっと優先すべき事項です。

「この部分の仕事は自分にしかできないから」

息の長い社長から、現場の仕事に対してよく聞くコメントです。

息の長い社長は、現場を手放すことなんてできないと肚をくくっている気がします。従業員に現場をまかせようとあれこれ画策するより、こちらのほうがずっとストレスもない気がします。

09 生き残る社長は、現場を従業員まかせにしない

小さな会社の 10

生き残る社長は資源から発想し、潰れる社長は目指したいところを見る。

この原稿を書いているとき、防戦一方で耐えていたウクライナ軍が、逆にロシア領内に攻め入っているというニュースが流れました。

ネットでは、このニュースに対して「ウクライナ軍、それやって大丈夫か？」という疑問のコメントがちらほら見られました。

1812年のナポレオン率いるフランス軍による、モスクワ遠征がイメージされたのでしょう。攻め込んだのはナポレオンでした。しかし、ロシア領土深くに誘い込まれた結果、戦線が伸びてしまって兵や武器、食糧の補給が困難になりました。ロシア軍が焦土作戦を使ったため、現地調達もできなかったようです。

冬の寒さも敵になり、ナポレオン軍は敗走しました。

戦力で大きく上回っていたナポレオン軍の敗北は、兵や食糧などの兵站の軽視が即命とりになるという教訓を残しました。

もちろん経営でも兵站の軽視はご法度です。会社経営の場合、兵站にあたるものはお金や人、モノなどの資源です。

残念ながら、資源を軽視してしまっている社長もいるのが実情です。

息の長い社長であるためには、いつも資源を優先させなければいけません。特に、資源の中でも、お金と人のやりくりが重要になってきます。


会社では毎期決算書がつくられます。

資源を重視するならば、どこを重点的に見ておくべきでしょうか。

それは**バランスシート（貸借対照表）**です。会社が有する資源のうちの、お金とモノが表現されているためです。

ところが、バランスシートには見向きもせず、売上や利益が載っている損益計算書しか見ない社長がいます。

それで「どれだけ利益を出せているか」にこだわっているのであればマシです。ところが、利益は見ずして、売上の額しか着目しない社長もいたりします。そうなるといよいよ短命で終わってしまう確率が高まります。

ロングライフ戦略で大切なのは、売上よりも利益です。

息の長い社長は、自分なりのお金まわりの管理スタイルを確立しています。

たとえば毎月、請求書だけは、必ず自分でチェックすることにしている社長はたくさんいらっしゃることでしょう。

管理については、最小限の労力で済む、シンプルな方法をつくりたいところです。

経理を得意とする社長が、やたら詳しく、ボリュームもある数値資料をつくっているケースがありますが、費やす労力と効果は見合っていないかもしれません。

一方、やることは「毎月の通帳の残高チェックだけ」という社長もいます。

預金残高の警戒ラインをあらかじめ決めておき、それを下回ったら急いで対応するというシンプルなものです。

簡単な資金管理の方法で済ませることができるのも、小さな会社のメリットです。

もうひとつの重要資源である、人はどうでしょうか。

いつも忘れないようにしておきたいことは「小さな会社では常に人が足りない」という制限です。頭数が足りませんし、能力も足りません。

だから目標を決めるにおいても、新しい取り組みを検討する際でも、「人が足りない」という現実に合わせなければいけません。どんなに優れたアイデアがあったとしても、社長がやる気に満ちていたとしても、この現実に合わせるしか仕方がないのです。さもなくば、無理が生じて組織が崩壊するか、社長が折れてしまいます。

社長が北極点までたどり着くことを夢見たとしても、手元の資源が乏しいのであれば、当面の行先はアラスカで止めておくべきです。北海道にしか行けない場合もあるかもしれません。それでも仕方ないのです。

夢や可能性ばかりを追いかけ、資源という現実の制約を見ないのは、潰れる社長の習慣です。

10 生き残る社長は、夢よりも手元の資源を大切にする

小さな会社の

11

生き残る社長は値上げを断行し、潰れる社長は資金ぐりの改善に努める。

この本の原稿を一とおり書いたところで、担当の編集者さんから「資金ぐりをテーマにした項もほしい」とリクエストがありました。

実はこのテーマ、一度書くことを検討したもののスルーした過去があります。

資金ぐり関連のキーワードでネット検索をかけると、専門家によるたくさんの解説記事がヒットします。

資金ぐり改善のポイントとして、たとえばこのようなものが挙がっています。

・売上を増やして、経費を減らす
・売上代金は早く回収する
・仕入れ代金等の支払いは遅くする
・借金の金利を下げる

・在庫を減らす ……など

これを見て、皆さんはどう感じますか。

私としては、ごもっともだとは思うのです。ただ、何というか、とおり一遍というか、小手先の話にとどまってしまっているような感じがしました。

このあたりが、資金ぐりというテーマで書くことをためらった理由でした。

もちろん、ネットに書かれていた資金ぐり改善の方法は大切なことです。

小さなことを徹底して経営に磨きをかければ、よい会社にはなれません。必要だと思われる方は、資金ぐりの本などでぜひ学んでください。この手の本はたくさんあることでしょう。


ただ、ちまたで語られているのは、資金ぐり「改善」レベルでしかありません。

これに対して、多くの中小企業に必要となっているのは「革命」レベルの取り組みではないでしょうか。改善では足りないのです。


商品やサービスの価格が安過ぎる。

この一言に尽きます。十分な価格で売れていないのに、資金ぐり改善でお茶を濁そうとしては根本解決ができません。いつまでたっても楽にはなれません。

話は逸れますが「**今必要なことは、改善なのか、改革なのか**」といった視点を持っておくと便利です。抜本的な改革が必要な場面なのに、改善で済ませようとしているケースは頻繁に見受けられます。

「値上げならばすでにやっているよ」

昨今の原材料費や人件費の値上がりを受けて、すでに値上げに取り組んだという会社はたくさんあることでしょう。

でも、それはコスト上昇に対して帳尻を合わせただけのこと。**もっと利益を出せる水準を〝ものさし〟にしなければいけません。**目線を上げなければいけません。

ある国家資格者の事務所では、顧問料を2倍にすることを決意しました。

「ただ書類手続きを請け負うのではなく、顧客企業そのものをよくしたい。そのためのコンサルティングを提供するには、それぐらいの顧問料をいただく必要がある」とトップは考えました。

顧問料の値上げを既存の顧問先に伝えたところ、約3割の顧客から顧問契約を打ち切られてしまいました。

顧客が3割も減ったら普通は大ごとです。しかし、顧問料を倍にしたため、売上も、利益もむしろ大きく増えました。

スタッフにすれば、顧客が減ったことで時間と精神的な余裕が生まれました。その分、手厚いサービスを提供することができ、結果、顧客の満足度は高まっています。

値上げが好循環を生んだ一例です。

「たくさん売りたいから安くする」という発想はもう過去のもの。値上げをしてでも十分な利益を確保し、自社にふさわしいお客様としっかり付き合わなければ未来はありません。

今本当に取り組むべきは、資金ぐり改善ではなく、思い切った値上げではありませんか。それにはあなたの勇気が必要です。

11 生き残る社長は、勇気を持って値上げに挑戦する

小さな会社の

12

生き残る社長は今の市場にできるだけ残り、潰れる社長はこれから伸びる市場に出る。

個人で会社を買って起業するというテーマの本をかつて出したことがあります。その関係で「後継者がいない会社を買いたい」という相談を一時よく受けていました。

どんな会社がほしいのか、と質問すると、多くの人はこう答えました。

「これから伸びる市場の会社を買いたい」

たとえば、これからは高齢化社会だから、高齢者を顧客としている会社を買いたいという具合です。

この考え方はセオリーどおりなのかもしれません。

でも、私は賛成しません。

みなが同じようなことを考えるためです。**これから成長する市場は、参入が激しく**なります。ロングライフ戦略としては、**競争が激しい市場は避けたい**のです。

私は世の中で盛り上がっていない時期から、事業承継や廃業の支援を掲げて商売をしていました。当初はホームページによる集客がメインでしたが、ライバルがほとんどないため独壇場でした。

しかし時が流れ、後継者不足や廃業増加が社会問題として注目されるようになりました。すると、大手企業や自治体等が、こぞって私がいた土俵に参入してきました。その多くはM&Aの案件を集めることが目的です。

ホームページが乱立され、資金力のある会社や組織が、コピペで作られたようなページを次々公開していきました。その陰でうちのようなパワーのない事業者のページはアクセス数を大きく減らし、埋もれていったのです。

これから伸びる市場や、誰もが稼げそうだと考える市場で待っているのは、こんな風景です。

「東京に出たい」とか「海外に出たい」といった話も似たようなものかもしれません。

自分たちがいる市場の縮小を予想し、大きな市場に飛び出たがる社長はたくさんいます。

しかし、より大きな市場を求めて出て行ったからといって、必ずうまくいくわけではありません。そこにも厳しい競争はあるし、アウェイで戦わなければいけない不利を課されるのです。

より大きな市場で商売をしなければいけない、という固定観念を疑ってみてもいいのかもしれません。

そうしなければ本当に生き残れないのでしょうか。

案外そうでもないと感じます。

小さな会社に必要な売上は、大きくありません。必要なお客さんの数だって、少なくて済みます。

たしかに、市場は縮小しているのかもしれません。でも、明日、明後日で急になくなるものでもありません。斜陽産業でも、縮小傾向にある市場でも、自社を満たしてくれるくらいの売上や顧客数は潜在的にあるのではないでしょうか。

ここに小さな会社の利点があります。大企業が自分たちを維持するために莫大な売上を必要とすることの逆です。

そして何より、斜陽産業や小さくなる市場での競争は楽です。

新規参入がほぼありません。また、既存のライバルの中に、本当に強い相手はそんなにいないことでしょう。やり方次第で十分に勝てます。

もし社長が、より大きな売上を求めるとなると、様相が変わります。売上をもっと増やすために、より大きな市場に打って出る必要が生じるでしょう。はたして、わざわざ厳しい戦場に出向いて行って苦労をする必要はありますか。

「もっと、もっと」を求めるのが資本主義の基本性質ではありますが、アクセルを踏み込むだけでは短命におわるリスクを高めてしまいます。**売上はほどほどのところでセーブして満足する。**これもロングライフ戦略の哲学です。

小さな市場に居続けては、爆発的に稼ぐことはできないかもしれません。しかし、誰からも見向きもされないような小さな市場で、手堅く稼ぎ続けている会社を私はいくつも知っています。

12 生き残る社長は、あえて斜陽産業や小さな市場にとどまる発想を持つ

13 小さな会社の生き残る社長はライバルがブレるのを待ち、潰れる社長は自分がブレてしまう。

フィアット500・チンクエチェントというイタリア車が生産終了になりました。2007年に開発され、日本には16年間で13万台も輸入されたというロングセラーです。

小さくてかわいい車です。ルパンが、映画『ルパン三世カリオストロの城』で乗っていた車の後継モデルと言えばイメージが湧くかもしれません。

どうしてこの車は売れたのでしょうか。

車としての良さもあることでしょう。デザインが良く、愛嬌もある車です。

でも私は、別の要因も感じています。それは、ローバーミニが大きくなってしまったことです。

小さくてオシャレな車の代名詞と言えば、ひと昔前までは英国車のローバーミニだったと思います。認知度が高く、あこがれを抱いていた人も多いことでしょう。

しかし、BMWがローバーからミニを買いとり、2001年に新モデルを発売しました。それからミニはどんどん巨大化していきました。

大きくなったことで、旧来のミニを欲しがっていた人の中には「これじゃない」と感じた人もいたことでしょう。まさに私がそうでした。

そんな人たちの目にフィアット500が留まったのです。


BMWの戦略はきっと間違っていなかったと思います。ミニのサイズを大きくすることで間口を広げ、より多くのユーザーを獲得できたことでしょう。

ただ、フィアット側からこの現象を見たとき、強大なライバルであったはずのミニが、ブレて、勝手に土俵からいなくなりました。**フィアットは何の努力も苦労もせず、ミニの受け皿になれた**のです。実に、おいしい。


商売の世界では、こういった現象をけっこう目にします。

知り合いのオッチャン社長が、ニヤニヤしていました。どうやら調子がいいようです。

オッチャン社長は、商店街などに店舗をかまえ、あるアイテムの修理や加工を受けつける商売をしていました。どちらかといえば、斜陽産業に属する商売です。

でも、売上は増えているそうです。

売上を増やすために、何か特別な工夫や努力をしたのかと問えば、そんなことは全然ありません。ただこれまでどおりやっているだけだそうです。

「まわりの店が閉じるから、何もしなくてもうちにお客さんが流れてくるねん」

オッチャン社長の高笑いは止まりません。

昨今の日本の経営環境では、競合相手が勝手にいなくなるケースは日常的に起きます。後継者不在だとか収益の苦戦だとかで、廃業したり、事業所を閉鎖する会社が増えているためです。成熟社会ならではといったところでしょう。

また、ライバルが勝手にブレてくれることだってあります。

経営者が「何か新しいことをしなければ」という焦りで反射的に行動を起こすことがあります。一般的にも「新しい行動はよいこと」という認識がまかり通っています。

そのために、自分の存在や商品をブレさせてしまうことになったり……。

一貫性は力を宿し、逆にブレることは命取りになり得ます。ところがブレないことの重要さを認識できていない社長は世の中にたくさんいます。

ライバルがブレてくれたら、しめたものです。

小さな会社のロングライフ戦略としては、自分たちはブレず、相手がブレるのを待つことは基本姿勢です。

ほとんどの小さな会社には、金も人も余力がありません。だから新しい商品開発やチャネル開拓等もなかなかできません。しかし、長くコツコツやっていたら、競合が勝手に変なことをして追い風が吹いてくることがあります。

できるだけ動かないようにすることが生き残りの秘訣となります。ここでも半歩遅れの戦法が有効なのです。

ただ、動かない姿勢を貫くのは、思っているより困難なことなのでしょう。

三国志などの戦の物語を読んでも、そのまま籠城していたら負けることはないというときに「打って出てしまったために負けた」という話がゴロゴロ転がっています。

焦りや見栄、怒りなどに動かされてしまうのでしょう。

13 生き残る社長は、勝つ戦いではなく、負けない戦いをする

第2章

自分の整え方

小さな会社の

14

生き残る社長は**自分を整え**、潰れる社長は**被害者面をする**。

相談を受けることをなりわいにしていると実感します。人というものは自分のことが本当に見えていません。自分のことを大切にできていません。逆の立場になれば、きっと私もそうなのでしょう。

ウチの会員の社長は「会社でこんな問題が起きている」と私に相談をしてくださいます。ご本人は、会社であったり、会社の外の経営環境に問題があると思い込んでいます。ところが、私のように、一歩ひいたところからものを見られる立場にいると、違う景色が見えてくることがよくあります。

「それは、**会社に問題があるのではなくて、社長さんご自身の問題です**」と。

たとえば、新規事業がうまくいっていない社長は、ホームページへのアクセスが少ないから集客ができていないという具合に、わかりやすい、目につく問題点に注意を奪われてしまいます。

しかし背後には、新規事業に対するエネルギーのかけ方がそもそも足りていないという社長の姿勢に致命的な問題があったりします。さらに元をたどれば、慢心で気持ちが大きくなり、軽はずみで新規事業に手を出してしまったという、社長のマインドの問題が根本原因だったりするわけです。

真の問題は、外部ではなく、自分の内側にあることがほとんどなのかもしれません。


本書では第2章に「社長が自分を整える」というテーマを置きました。社長を長く続けるために、相当重要なテーマだと考えるためです。

多くの方は、経営戦略や経営ノウハウのようなものに注目するのでしょう。しかし、ロングライフ戦略において、そういったものの重要さは、皆さんが思うほど高くありません。理論やテクニックなんて、ほどほどで十分だと感じています。

それより重要なことは、組織のトップたる社長のあり方です。いかに社長自身が安定しているか、悪い方向に進みそうになる自分を調整できるかが勝負です。

小さな会社の経営は、社長本人さえしっかりしていればどうにかなる、というのは言い過ぎでしょうか。

まず自分を整えておかなければ話になりません。到底、長くは続きません。

かつて「社長はしっかり休むこと」というテーマで動画を配信したことがあります。その動画に対して「休みたくても休めないんだ！」と経営者と思われる方から長文のコメントが書かれました。私に対する怒りであり、世間に対して自分の辛さを訴えるようなコメントでした。

こんなところに長いコメントを書くくらいならば、早く寝てくださいという気もしないでもないのですが……。

この方のコメントからは「自分はかわいそうな被害者でしょ？」という承認を求めている様子が感じとれました。

気持ちはわからないでもないのですが、被害者になってはいけません。

自分を被害者と設定した時点で、「自分では何もできない無力な人間です」と宣言してしまったようなものです。自分で自分を整えることもできなくなってしまいます。自分を無力な存在だとしてしまったら、何もかもうまくいかなくなります。

状況を変えていくには、まず自分を変えなければいけません。「**今の状況を作ったのは自分だ」と受け入れることができて、ようやくスタートラインに立てます。**

皆さんは社長です。悲しいかな、会社や上司の文句を言って、他人のせいにばかりしていても給料がもらえるサラリーマンではないのです。

主体性を失えば、流されるしかありません。その先に待っているのは顧客や銀行やスタッフ、さらには社会に言いなりの存在です。露骨に言うと奴隷です。

今の世の中は、ただでさえ、会社と社長にしわ寄せがきやすい構造です。よからぬ方向に流されないために、主体性を欠くわけにはいかないのです。

そんな意味では、社長はもっとわがままになるべきです。いい人を演じようとする社長が増えてしまっていると感じます。

14 生き残る社長は、会社より先に自分を整えようとする

15

小さな会社の／生き残る社長はお金を安心のために使い、潰れる社長はただお金を増やしたがる。

「皆さん、お金はほしいですか？」

ほとんどすべての方が、ＹＥＳと答えるのではないでしょうか。

「では、何のためにほしいのですか？」

その理由を深掘りされると、口ごもってしまう方もいらっしゃることでしょう。


お金というのは、考えれば考えるほど不思議なものです。

あなたがどんな風に生きてきたかによっても、そこから呼び起こされるイメージは変わってくるのでしょう。


お金があることで魔が差してしまったケースはいくつも見ました。

雇われ社長や経理担当者が横領をする事件はよくあるのですが、会社に置いてあるお金が黒い欲望を呼び起こしてしまうのでしょう。

そのような理由で、大きな現預金をむき出しでポンと会社に置いておくこと（あくまで比喩として）は、オススメしません。

あるとなぜか使いたくなってしまうもの、それがお金です。

事業をしていた私の祖父は、ヤクザ絡みの事件を起こされて、引退間際にほぼすべての財産を失いました。

ことの発端は、会社と祖父のお金を管理していた私の母が「お金はたくさんあるし、少しぐらいなら動かしても……」と魔が差したことによる模様です。

「高齢の父が死んで相続になれば、自分には数億円のお金が入ってくる」くらいの皮算用をしてしまうのは普通のこと。大金を前にすれば、気が大きくなり、道徳心は薄れてしまってもおかしくありません。お金にはそれくらいの魔力があります。

お金には、その人の性格を加速させてしまう性質もあるようです。

もともと立派だった人は、金を手にすると、より立派な立ち居振る舞いをするようになります。面白いことに、ケチだった人は大金を手にしてもケチで、何だったら前よりケチになる気すらします。

心の弱い人、自分というものをしっかり持っていない人が、大金を手にするとどうなるか。弱さが加速してしまうわけです。

とある成功したベンチャー企業では、初期メンバーはストックオプションの権利をもらっていました。上場したことで、2、30代の若者が、普通のサラリーマンが一生かかっても稼げないくらいの金を手にしました。

その後、彼ら、彼女らは幸せだったのでしょうか。

たしかに儲けました。しかし、メンバーの8割方は、心を病み精神科通いをすることになったと聞きました。

お金と付き合うには、人間性や成熟度が問われるということでしょう。

もちろんお金には良い面だってあります。

お金があれば、安心できます。とても重要なお金の力です。

不安が、人を眠れなくさせて、身体の健康を奪うこともあります。逃げなきゃいけないときなのに、不安が足をすくませることもあります。不安が無謀なチャレンジをさせて、挽回不能な傷を負わせてしまうこともあります。

社長のロングライフのためには、不安を上手に飼いならさなければいけません。お金には、こんな不安をなだめ、心を落ち着かせてくれる機能があります。

ただし、お金を増やすことへの欲は尽きないという、人間の悲しい性もあります。

私のクライアントには、驚くほどの資産家が何名もいました。生きている間にどうやっても使いきれないくらいのお金を持っています。それなのに、まだまだお金を増やしたいと、目をギラギラさせていた人の割合はけっして少なくはありません。

「もっと」を求める欲はなかなか鎮まりません。しかしお金を求める気持ちが、焦りと不安につながっては本末転倒です。

自分なりの、お金との素敵な付き合い方を見つけたいところです。

15　生き残る社長は、お金とのよい付き合い方を見出す

小さな会社の 16

生き残る社長は過去を顧み、潰れる社長は未来ばかりを見る。

私は「会社をたたむ」や「社長をやめる」といった、相談者の人生においてこれ以上重大な判断はそうないだろう、というレベルの相談ごとを大量に受けてきました。

税金などを含めた金銭的なポイントだったり、手続きや法的な意味合いからアプローチをしたこともありました。

しかし、こんな表層部分をちょっと触ったくらいでは、重大な決断なんてできません。大きな決断をするためにはエネルギーがいるし、よりどころとなるモノサシが自分の中に作られていなければいけません。何でしたら、決断するために、自分が今より成長することすら要求される場合だってあるのです。

私が相談を受けて、社長とセッションをする場合、過去に時間軸を飛ばすケースがあります。

たとえば、子どものときに何を恐れていたか、親との関係はどうだったか、何に熱中したかなどを問います。過去を振り返ることで、自分の歩んできた人生を再度消化し、自らの養分にしていただきたいためです。

地下鉄から地上に出たとき、どちらに進んだらいいか迷いませんか。スマホの地図をたよりにしているのに、目的地と真逆のほうに歩きはじめた経験が、私には山ほどあります。

この原因は、どこから歩いてきたかがわからなくなることによります。もし自分がどちらの方向から歩いてきたのかがわかっていたら、進むべき方向を間違えません。

人生だってそう。

現在だけでは、あなたがこれから進む方向に迷ったり、間違ったりしてしまいやすくなります。でも、過去と現在を両方見えていれば、未来の方向性が定まります。

進むべき未来は、過去と現在を結んだその延長線上にあるためです。

過去をしっかり見つめるか否かは、未来の歩みの精度に大きな差を生むと考えます。

過去を振り返るという話に付随して、原体験にも触れておきましょう。

原体験は自分を動かすエンジンになるので、思い出せるといいですね。

先日テレビで、ミュージシャンの小田和正氏のライブツアーを追いかけたドキュメント番組を観ました。

コンサートのMCで彼は「高校時代に歌でハモる体験をしたときに、楽しくてしかたなかった。家へ帰る道でも、友達とずっと歌ってハモりながら歩いていた」と語っていました。正確な言葉は覚えていませんが、こんなニュアンスだったはずです。

この体験は、きっと彼の原体験なんだと感じました。

彼は、オフコース時代を経て、ソロになってからも、長く、長く活躍しています。テレビの収録の頃はもう75歳くらいだったはずですが、美しい歌声は健在でした。

原体験が、長く走り続ける彼のエンジンになっていたのでしょう。

私のお客様でも、原体験を思い出して、前に進めた方がいました。

親のあとを継いで社長をやっていましたが、続けるかどうか、道に迷っていました。

私との面談をくり返していたある日、自分の原体験を思い出し「そうだ、俺は技術者になりたかったんだ」と声を出しました。

それから家業をたたみ、再度一人で起業して、自転車関連の仕事を始めました。

様子をうかがいに行ったときには、油で黒くなった手に工具を持ちながら、実に楽しそうに仕事をされていました。


過去はあなたの財産です。玉手箱を開けてみたら思いもよらぬ何かが出てくるかもしれません。

過去を振り返りたくても、私のような掘り下げる役割の人がいない場合も多いことでしょう。そういった場合は、自分史を書いてみてはどうでしょうか。年表を作ったり、印象深いエピソードを書き出してみてください。

いろんな発見があるはずです。

16 生き残る社長は、自分の過去を大切にする

小さな会社の

17

生き残る社長は高級外車を買い、潰れる社長は我慢をする。

「奥村さんさあ、あんたにとっちゃ他人事だから、いくらでも正しいことなんて言えるんだよ。でもよう、こっちはそれを夢見て必死にがんばったんだよ。わかんないでしょ？」

酒の席で、酔っ払い社長に絡まれました。目が据わっています。

この社長は私に恨みを募らせていたようですが、その原因は、昔、私が外車を買うことを許可してあげなかったことでした。

何年も前に、会社の経費で、ベンツか何かの高級外車を買いたいと相談してきたことがありました。そのとき私は「話にならない」と却下しました（言い方はもっと優しかったです）。

経営不振が続いて、ようやく調子が上向いたところです。客観的に考えれば、ちょっと利益が出たからといって、まだ贅沢をしていい状況ではありません。

「まわりの経営者仲間はいい車に乗ってて、俺だけボロい車だからみじめになる」とか「車を買えば節税対策にもなるはずだ」と社長は、様々な口実をあげて私を説得しようとしました。でも、私は首を縦に振りません。結局、社長には我慢してもらいました。

その後、会社経営は復調しました。そして、あの酒の席がありました。

私は、浪費を戒めたことを感謝されることはあっても、まさか、恨みつらみをぶつけられることになるとは一ミリたりとも予想していませんでした。

人の欲望というのはすごいですよね。長い時間が経っても、社長はまだ根に持っていたんですから。成就されなかった欲望は、くすぶって怒りとなり、心のどこかに居座っていたのでしょう。おそらく、本人ですら自覚していなかったのではないかと想像します。

欲望は、その取扱いには注意が必要です。

私が駆け出しのコンサルタントだった頃は、数字や理屈ばかりを重視し「社長の私欲なんて我慢してもらって当然」くらいに考えていました。

しかし、何度か欲望の暴走と思われる場面を経験し、考え方を改めるにいたりました。

今ではもう、無理に止めようとはしません。「個人的にはベンツなんて買ってる場合じゃないと思いますが、社長が買いたいなら好きにしてください」というスタンスをとるようにしています。

抑圧し過ぎると反動が怖いのです。成就されなかった欲望が、もっと悪い行動を起こしてしまうことすらあります。

誰かを好きになったものの、その人を手に入れることができないとわかれば、今度は、好意が憎悪に変わり、相手に殺意さえ抱いてしまうことすらあるのが人間ですから。

欲望をうまく扱うためには、ときに会社の金で高級外車を買うくらい許されるケースだってあるように思います。**ぶっちゃけ、小さな会社なんですから、会社の金なんて社長、あなたの金です**（同時に、会社の借金もあなたの借金です）。

ほめられた行動ではなくても、「息の長さ」というモノサシにおいて有利に働くのであれば、悪いお金の使い方とは言えない場合もあるでしょう。

それくらい欲望を甘く見てはいけないのです。

欲望だけではありません。感情全般にそれは言えます。道を間違えたとき、起点にとり扱い方を誤った感情があったケースは、非常に多いはずです。

あなたは自分の感情を客観的に把握できていますか。

意外と難しいことです。定期的に紙に書き出して、点検してみてはどうでしょうか。

まず思いつくかぎりの自分の感情を書き出します。

次に、第三者になった気分で書き出したものを眺め、じっくり吟味してみてください。

「会社を大きくしたい」と書いたある後継者社長がいました。

その欲望を吟味したら、確執のあった先代社長の父親に対して「あいつを見返してやりたい」という執着の気持ちがあることに、はじめて自分で気づいたそうです。このときすでに父親は亡くなっていたのですから、人間の感情というものは不思議なものです。

自分の深層に横たわっている感情を知ることが、息の長い活躍の準備になります。

17　生き残る社長は、自分の感情を整えることを優先する

18

小さな会社の

生き残る社長は弱音を吐き、潰れる社長はマウントをとる。

インターネットの世界をのぞくと、マウントをとりたがる人が多くて辟易とします。

マウントとは、動物行動学の専門用語のマウンティングが由来のようで、自分のほうが上だとアピールしたり、威圧的な態度をとったりすることです。

どうにかして自分を優位な立場に置きたいようです。ネットの世界にかぎったことではありません。現代人の病と言ってもいい現象なのでしょう。

すぐにマウントをとりたがる人は、心に特定の傾向があるはずです。

「自分はすごいと認めさせたい」という承認欲が強かったり。「馬鹿にされたくない。弱みをつかれたくない」という自信のなさや不安の裏返しであったり。

いずれにせよ、心の中の満たされていないネガティブな部分がそうさせています。もし完全に心が満たされている人がいたとしたら、マウントなんてとらないはずですから。

ネガティブな心に仮面をつけてマウントをとろうとするよりも、そのまま素直に、ネガティブな気持ちを吐き出してしまえばいいと思います。

弱音を吐き出すことは、少なくとも本人の心理状況によい影響を与えます。

恐山の禅僧、南直哉《じきさい》さんは、Yahoo!ニュースのオリジナル記事で、こう語っていました。

「自己防衛からネガティブなものを出さなくなっていく。しかし、ネガティブこそが人間の基礎です。これを無視すれば、存在自体が揺らぐのは当たり前だと思いますね」

そして「ネガティブな感情を閉じ込め続けると、必ず心や体に支障をきたす」と警鐘を鳴らしていらっしゃいました。

まず、ネガティブが人間の基礎だという点に注目したいところです。

今の世の中は、ポジティブであるべきだという価値観に支配されているように見えます。「がんばれ」「いつも元気に」「夢は願えば叶う」と。でも根っこのないポジティブは、絵空事におわるだけです。変に無理をしてしまうことにもなりかねません。

人間の根底にはネガティブがあって、まずはそれをちゃんと認めてあげることが大切なのでしょう。

そして心を軽くするために、**ネガティブな感情を外に出してあげたほうがいい**のです。

私は中小企業の社長向けの会員制度を運営していて、会員さんならばいつでも私に相談を持ちかけることができます。

会員さんの中には、不安や寂しさ、怒りなどのネガティブな感情を外に出すのが上手だな、と感じさせる方もいます。「これと言って問題があるわけじゃないんだけど、話聞いてもらっていいかな」みたいなノリです。

でも多くの方は、そうではありません。よほど問題が差し迫りでもしなければ相談を申し込んできません。

「弱音は吐いちゃいけない」と思っていらっしゃるのかもしれませんね。

でも、そんなことはないのです。弱音をおなかに溜めておくことにエネルギーを消費させられるし、外に出さないと腐って悪さをします。ウン○と同じです。

禅僧の南直哉さんは、こうも語っていました。

18 生き残る社長は、弱音を吐き出せる相手を確保しておく

「安心して話せる相手を見つけておく。ネガティブなことも、うんうんって聞いてもらうだけでいい」

お勧めは家族や友人ほど親しくなく、信用できて、ちょっと距離のある人だそうです。こう聞くと、うちの会員制度は悪くない気がしてきます。相談する人と聴く距離感はちょうどですし、聴き手である私の姿勢やスキルも悪くないでしょう（自画自賛）。

相談相手が欲しくても、聴き手に問題があるケースが多いのも現実です。話をちゃんと聴けなかったり、求めてもいないのにすぐアドバイスや意見を押し付けてきたり……。

弱音も聞いてもらえる相手探し。意外と長い旅なのかもしれません。

小さな会社の

19 生き残る社長はスピリチュアルまでも利用し、潰れる社長はうさん臭いと拒絶する。

占い、信じますか。

中小企業の社長さんの間では、占いに対する態度はハッキリ分かれます。占いに限定せず、スピリチュアル的なもの全般にまで広げてもいいでしょう。すごく信じる社長と、まったく信じない社長がいます。

統計をとっているわけではないのですが、信じる人は意外と多いなと感じています。

信じる気持ちが行き過ぎて、依存してしまっているというレベルの方も時にいて、さすがにそうなるとマズいと感じるわけです。

かなり昔の話ですが、ガンで闘病中の社長がいました。

離婚をしていて、亡くなるとその後の相続関係が複雑になることが予見されました。前妻の子どもたちと、後妻とその子どもたちとの間で行われる遺産分割バトルは、間違いなくグチャグチャになります。

ゆえに私は社長に、遺言を残すことを強く勧めていました。

病は進行し、今を逃したらもう次の機会はないかもしれないという場面がありました。

そのとき、社長の後妻が「遺言を書いていいか念のため占いの先生に聞いてみる」と判断を保留しました。そして、占い師から「今はまだ早い」と言われたそうで、遺言の作成はペンディングとなりました。

結局、社長は遺言を残せないまま亡くなりました。何とも後味が悪い出来事です。

でも、だからといって占い等に有用性がないわけではありません。要は、かかわり方次第だと思います。

私の周りには、神社仏閣好きな社長がたくさんいます。

どこか遠方に行く用事があると、必ずその地区の神社まで足をのばしてお参りをしたりします。

そんな方は、お参りのたびに心を浄化できる機会を得るでしょう。また、ご縁を大切にする習慣も身につくのではないでしょうか。神様にお願いするから運がよくなるのではなく、**心がきれいになって安定するから運が回ってくる**のかと感じています。

ただのスピリチュアルとして片づけてしまうには、もったいない効用だと思います。


私も神秘的なものは嫌いではなく、中国古典の易経が特に好きです。

基本的には、哲学や生き方の技術を学ぶために読んでいますが、易経には占いのテキストという側面もあります。そして、ごくたまに占いをしてみることもあります。

ある女性経営者とコンサルティング契約を結び、彼女が抱える問題を解決するための提案をすることになりました。

私としては完璧な内容ができました。非の打ち所が見当たりません。

ところが彼女は、口ではよい内容だというものの、提案内容を行動に移してくれません。そこでもう一度プッシュする機会を作りましたが、のらりくらりとかわされました。

気を紛らわせたくて易経の占いをやってみたら、詳細の解説は省きますが「苦節はダメよ」と出ました。日本語では苦節は、苦節10年だとかのいい意味で使われますが、元の易経では「自分が苦しくなるほどの節制をしてはいけない」と戒めています。

私にはピンときました。そういえば彼女には、苦しい状況を自ら引き受けたがる傾向が見られました。

次に彼女と会ったとき、彼女自身のことを深く聴いてみました。すると、子どものころの父親との関係性に原因があることがわかりました。

父親は彼女に理不尽な要求をし続け、苦しみながらもそれに応えることが、親子間における彼女の存在意義になっていたのです。この傾向が大人になっても残っていて、苦しみがなくなることは、自分の存在意義を失うことだと、心のどこかで恐れていたのでした。無意識の心が、彼女の行動にブレーキをかけていたのです。


占いが、見落としていた視点に気づかせてくれることもあるのだと体験できました。

「科学的じゃないものは受け付けない」という人もいらっしゃるのでしょう。

でも私は、世の中をうまく生きるために、使えるものならば何でも使えばいいと思っています。

19 生き残る社長は、スピリチュアルだって利用する

小さな会社の

20

生き残る社長はおだやかな心を保ち、潰れる社長はテンションを上げようとする。

あなたは一日のおわりがどのようなものであれば「今日は成功だった」と思えますか。息の長い社長の研究対象としていたある方は「おだやかに過ごせること」を、自分の一日の目標にしていると教えてくれました。

おだやかな心を手に入れることとは、優先的に取り組んでいただきたい課題です。息の長い社長には、感情のアップダウンが小さく、淡々としている人が多いものです。

このあたりは、先天性な性格もあるでしょうが、後からの努力によっても身につけることができると考えています。私自身、かつては、いつもイライラしていて、怒りっぽくもありました。テンションを上げては急激に落ち込み、また無理にテンションを上げることをくり返していました。

その背後には、いつも何かに急かされ、何となく不安を抱え、「もっと、もっと」と背中を無理に押されているような感覚がありました。

あるとき「これはいかん」と気づき、おだやかな心をとり戻すべく、いろいろと試してきました。自分の経験を話させていただきましょう。


自分はどんなときに、おだやかな心を失うのか。

私は「周囲の状況をコントロールできていないと感じているとき」だと考えました。そこで、できるだけ自分のテンポを守ることに取り組みはじめました。私は未熟なので、テンポが乱されると本当にイライラしてしまいまして……。

最初にターゲットにしたのは電話でした。

電話によって集中を中断させられたことは、これまでの人生で何度あったでしょうか。いつかかってくるかわからない電話に出られるようにしておく、ということも結構なストレスでした。

「電話に出なくていい」と決めたことで、気持ちをスッキリさせることができました。

この勢いで、メール返信の回数も減らしました。

かつてはできるだけリアルタイムで返信することを心がけていましたが、これを続けていると自分の時間が無くなってしまいます。

お客様や従業員に合わせるため「自分にはできない」と思う方がいらっしゃるかもしれません。しかし、そのような方にこそ効果があります。できる範囲で試みていただきたいところです。

自分のテンポで暮らそうとすれば、ある程度わがままにならなければいけません。常時みんなにいい顔をしようとしたら、テンポは崩れ、おだやかではいられません。

自分のテンポを守っていい仕事をし、利益をお客様や従業員に還元すればいいだけです。

おだやかさをとり戻すために、できるだけ刺激を減らすことも試みました。

瞑想をしてみたり、コーヒーを飲む量を減らしたり（お酒はもともと飲みません）、あとは大好きだったスイーツも減らしました。

食べるときはドカ食いをやめました。よく噛んで、ゆっくりと集中して味わうように心がけました。

これだけでかなり効果がありました。

そして一番効果があったと感じるのが、脱スマホです。

20 生き残る社長は、スマホから離れる時間をつくる

ハラハラや不快を感じさせやすいSNSとは、できるだけ距離を置きました。スマホを触る時間を減らし、普段は目に入らないところに置くようにしました。スマホが目の前に置いてあるだけで集中力を奪われるためです。すぐに触りたくなるので、眠るときは別の部屋にスマホを置くくらい徹底しました。驚くほど心は静かになりました。現代人の心を乱すもののうち、かなりの割合がスマホの中にあると感じたくらいです。

自分のテンションを上げるため刺激を求める方が多いと推測します。でもそれは長続きしません。自分を幸せから遠ざけてしまう方向性かもしれません。ロングライフの社長は、おだやかな心を求めます。

21 小さな会社の生き残る社長は地味に目立たず、潰れる社長は有名になりたがる。

あなたも、有名になりたいですか。有名になりたいという気持ちは、大なり小なり、きっと誰もが持っているのでしょう。

名を売ることができれば、自社の商品やサービスを広めることができるので、商売上のメリットがありそうです。

一方で、有名になること自体が目的になってしまっている人も、かなりの割合でいるような気がします。

かつて出版を目指して講座やセミナーに通ったことがありますが、そこに来ている人の中には、自分が有名になりたいから本を出そうとしている人がたくさんいました。

SNSでいいねや、フォロワーを増やすことにばかり一生懸命で「本質を欠いてしまっているのでは」と思わずにはいられない人もいます。こういう人を見つけると、なんとも痛々しい気持ちになります。

自己愛や承認欲を満たすために、有名になりたい人がいるのでしょう。でも、そのまま突き進んでしまうのは心配です。名を売る前に「なぜ有名になるのか」を確認しておきたいところです。

私の師はかつてこう語っていました。

「奥村君、目立たず、ひっそり稼ぐのが一番いいんだよ」

当時はよく理解できなかったものの、いろんなことを経験し、失敗もたくさんして、ようやくこの言葉の重みがわかった気がします。

有名にならないで商売がうまくいくほうがベターです。

商売にベースを置けば、有名になることは、経営を加速させるための手段にすぎません。複数ある手段のなかの一つでしかないのです。

有名になることは、あなたの商売にとって必要なことでしょうか。

見落とされがちですが、有名になることには、メリットだけでなくデメリットもあります。そして、案外、デメリットのほうが大きい場合だって多いのではないでしょうか。

名が売れれば、それだけ真似されやすくなります。自社が少し先行していたところで、力のある会社や人間からターゲットにされたら、あっさり追い抜かれてしまうかもしれません。

邪魔が入るかもしれません。自分が努力して成長するより、人の邪魔をするほうが手っ取り早いと考える人間は世の中に一定数います。

妬みもあります。

「なによりも怖いのは人間だ」とはよく言われる言葉ですが、変な輩に妬まれるようになると非常に厄介です。こちらは何も悪いことをしていなくても、一方的に妬み恨まれ、攻撃されたりしてしまうことすらあります。

有名になることで、変な人や、変な話がやってきて、日常を狂わされるリスクも高まります。

かくいう私は、自分の名を売る方向に少し進んでしまったことがあります。

実際にはたいして有名にはなれず、ある特定の分野の中で、多少名が売れたというレベルです。

21 生き残る社長は、名をもとめず、静かに実をとる

それでも、名が売れたことに伴って、面倒くさいことは起きました。辟易とさせられました。私なんてちょっと表に出ただけです。これが本当の意味で有名な人の場合、どれほど大変なことになるのかは想像ができません。

前のコンテンツで「おだやかな心を保つことが大切だ」と語りましたが、有名になると、それをかなえる難度が上がってしまいます。

また、一時的に有名になる目的は達することができたものの、その後は落ちぶれて、目も当てられないことになっている人はざらにいます。

変に一時だけ世間から注目されてちやほやされるくらいなら、無名のまま、目立たずコツコツやれたほうがいいような気がしてなりません。

ロングライフの哲学としては、人生の浮き沈みを大きくしたくないのです。

22

小さな会社の

生き残る社長はわざと少し損をし、
潰れる社長は完全勝利をしようとする。

プロフィール写真を撮りなおすため、カメラマンの方とやりとりをしていました。

私は自分がどのように他者から見えるのか。どのように自分を見せるべきなのか。自分ではまったくわかりません。

そのため「自分で写真を選ぶよりも、プロのあなたに選んでもらいたい」というリクエストを出しました。

カメラマンさんには、撮影前の服装選びから、終わったあとの写真選びまでお付き合いいただきました。やりとりを通じて、自分はどんな雰囲気があるのか、どんな癖があるのかなども教えてもらうことができました。

信頼のおけるプロからこうしたフィードバックをもらえることはありがたいです。

自分の特徴をわかっていれば、マーケティングやブランドづくりがうまくできるわけです。いただいた助言や注意が、人生を変えてくれることだってあり得る、撮影料金のもとは十分にとったと、私は満足しました。

そして「写真を撮ってもらいながら、指導や印象のフィードバックまで受けられるから、お客さんが受けとれる価値は大きいですね」と伝えました。

ところが「そうでもない」と否定されてしまいました。

「皆さん料金を安くすることしか考えないから……。多くの仕事が、ただ撮っておしまいという感じになってしまいます」と。


実にもったいない話だと感じました。

専門家や職人が相手のとき、彼ら彼女らの気分を盛り上げて、よりよい仕事をしてもらえるように接してはどうでしょうか。変に値切ったり、よその見積もりと比較して金額を下げさせるより、気持ちよく払うべきものは払って、より大きな価値を引き出せたほうが、結果お得になるはずです。

しかし、そう考えるタイプは少数派なようで、実際は「とにかく安くやれ」タイプが多数派なのでしょう。

こんな話をしていて、私は「**自分が少し損をする感覚**」が大切だと思いました。損して得とれ、という意味合いももちろんあります。

加えて、**少しの損を課す習慣が、自分の心を整える**ことにつながるためです。

専門家や職人への支払いでは、自分が少し損をしてでも、相手に多めに払ってあげているという感覚が、仕事や相手への感謝や敬意につながります。「値切ってやったぜ」という気持ちでいるより、ずっと安らかな気持ちになれます。

交渉事や論争ではどうでしょうか。

ガチンコにやれば、100対0で勝てそうでも、あえて10くらい譲ってあげてもいいかもしれません。やっぱりこれで、心はずいぶんおだやかなものとなります。

完全勝利をおさめたら、そのときの気分はいいかもしれませんが、後はどうなるかわかりません。根深い恨みを買ってしまい、別の機会に手痛い反撃を受けることもありえます。

弁護士の中には「裁判は判決よりも和解でおわるほうがベター」と言う先生がたくさんいますが、その心はこのあたりにあるはずです。

経営者にはおなじみの会社の税金も同様です。

儲かれば税金を払うのは当たり前なのですが、これをトコトン払わないで済ませようとする社長がたまにいます。その情熱たるや、もはや異常だったり……。

それで過度の節税や脱税があだとなって、会社にお金がなくなって倒産したり、後になって追徴課税を食らっていてはお話になりません。

節税をするなとは言いませんが、少しは損するくらいのほどほどがいいのです。

いつも**「ちょっと損する」という習慣を持ち続けることで、社長が楽な気持ちで生きていける**ようになります。

そして、人生のトータルで損得計算をするときがあれば、多少損するつもりだったはずが、実は得になっていると私は信じています。

22 生き残る社長は、目の前の利益を最大化しようとしない

小さな会社の

23

生き残る社長は波が来るのを待ち、潰れる社長はいつでも攻めようとする。

ここまで自分でも、さんざん景気の良くない話ばかりをしてきたと自覚しています。私だって、本当はもっとバーンと花火を打ち上げたいんですよ。「夢は願えばかなう！」とか「これだけやれば大成功だ！」とか。そっちのほうがウケもいいでしょうし……。

ここまでお付き合いいただいている読者の方は、私がある種の消極性を大切にしていることを感じとられたことでしょう。

同時に「売上を増やしてはいけないのか」や「会社を大きくしてはいけないのか」と疑問をお持ちになっているかもしれません。

私は決して、売上や規模の拡大を禁止しているのではありません。

ケースバイケースです。

とかく世間では、議論が単純化されます。AかBか、0か100かと白黒つけたがります。でも、簡単に割り切ることなく、いかに両極の間をうまく行き来できるかが勝負どころです。

売上を増やすことを例に、もう少しこの話を続けましょう。

ただ売上を増やすことを目的にしてはいけないと、私は考えています。

事業計画などを拝見すると「今期は５０００万円の売上だったから、来期は１割アップの５５００万円にしたいです」といった感じで売上目標が立てられていることがよくあります。ここには正当性も必然性のかけらもありません。

売上という数字だけを一人歩きさせて、それを増やすことを優先したらおかしなことになります。売上欲しさに、稼げない仕事に手を出したり、組織の処理能力を上回る仕事を引き受けてしまえば、内部崩壊にもつながります。

一方、もし、**やるべきことをやって、結果的に売上が増えたのであれば、喜ばしい**ことです。これは会社の規模の話も同様です。

そもそも、無理に売上を増やそうとしないでも、コツコツと仕事をしていたらいつかチャンスがやってくるものです。

飲食店なら、店がメディアでとり上げられて、お客さんが殺到するようなケースです。

宿泊業なら、突然外国人観光客の間でブームが来た、みたいな感じでしょうか。

こうなったら波に乗らざるを得ないでしょう。大変ですが、どうにかこうにか、やり切るしかありません。

やり切れたときには、もちろん売上だって、利益だって増えています。

日ごろ、地道にコツコツとやるのは、この大波が来るのを待つためだとも言えます。


大波は、私たちの日ごろの仕事ぶりを問います。

来るべきときに備えて、会社を鍛えておかなければいけません。

「メディアにとり上げられてお客さんがたくさん来るようになったけど、オペレーションが悪いために、店内が地獄絵図になっちゃった……」

こんなことにはなりたくありませんが、結構ありがちな結末です。


私にも大波が来た経験があります。

以前、ＮＨＫスペシャル「大廃業時代」というテレビ番組に出演しました。放送後の反響はすごいものがありました。仕事や相談の依頼が次々寄せられました。パソコンを立ち上げるたびに、あまりに大量のメールが来ているので怖くなり、しばらく見ることができなくなったほどです。

大量の仕事を前に、あたふたとできる範囲のことはやりました。それでも、お断りさせていただいた案件は多く、お受けした仕事も、効率的にさばけたとはとてもいえません。コツコツ仕事をしながら大波を引き寄せることまではできた。しかし大波が来たときの準備が十分にできていなかったと、自分では反省しています。やってきたチャンスを十分に生かせるほど、仕事を成熟させられていなかったのです。

いつでも外に攻めていこうとする社長がいます。かたや内側を整えてチャンスを待つ社長がいます。長期戦において、どちらが勝者になるとあなたは思いますか。

23 生き残る社長は、やることをやってチャンスを待つ

第3章

難局の泳ぎ方

小さな会社の

24

生き残る社長はピンチを研究し、潰れる社長は成功事例に学ぶ。

災害が起きてから避難訓練はできません（当然ですね）。

感染症にかかってからワクチンを打つことはできません（意味がありませんね）。

だから先に行動を起こして、いざというときのために備えておく必要があるわけです。

２００１年９月11日のアメリカ同時多発テロでは、ニューヨークの世界貿易センタービルに航空機が突撃し、ビルが崩壊。２６０２人もの方がお亡くなりになりました。

しかし、当時、警備部長を務めていたリック・レスコーラの指導の下、前々から火災避難訓練を行っていたモルガン・スタンレーの社員は、ほぼ無事だったそうです。

こうした予防的アクションを私たちは甘く見てしまいがちですが、事前に備えることの大切さを教えてくれる事実です。

人生には必ずピンチがやってきます。自らの行動で招いてしまうこともあれば、巻き込まれることもあります。私ごときの人間が、大風呂敷を広げて人生を語るのはおこがましいところですが、人さまの人生を垣間見させていただいていると確信します。

そして思うのです、**人生のピンチに対してでも避難訓練やワクチンが必要ではないか**と。

窮地に追い込まれたとき、人にはどんな心理が働くのか。そのとき人は、どういう行動をとってしまいがちか。

あらかじめ知っておけば、間違った方向に進むことを防げるかもしれません。対策も可能になります。

私の亡き母は、祖父の会社の社長代行であり経理でした。

あるとき彼女は、社長である祖父の了解もなく、会社の金に手をつけて投資を行いました（本当はヤクザの罠でしたが）。そして、失敗をして、損を出してしまいました。

もしここで止まることができていたなら、損をある程度のところで止められました。ところが彼女は、自分の失敗を隠そうとしました。さらなる投資話に乗って、失敗の挽回を図りました。

その結果、さらに損害は拡大。あとは雪だるま式に損は膨らみました。行きつくところまで行ったときには、すべてが無くなっていました。会社も、祖父の資産も、自分の資産も信頼関係も。

最初の失敗で止まれなかった理由は正確にはわかりません。罪を犯してしまったという負い目がそうさせたのか。祖父への恐れか。または、自分ならばどうにか成功させられるという自信があったのか……。いずれにせよ、失敗に、さらなる失敗を重ねてしまいました。

ボヤを起こしてしまったときに「ボヤなんて起こしていない」と、私たちは隠したい誘惑にかられます。しかし、隠そうとしたボヤは大炎上につながり、すべてを焼き尽くしてしまうことがあるのです。

この**失敗パターンを知っていれば、初期で食い止めるチャンスができます。**

失敗をしてしまったときには、事実を早く明らかにして、みそぎを済ませなければいけないということです。

自分が失敗をしてしまったとき、この教訓を知っていたからといって、必ずしも失敗の隠ぺいに手を付けないとは言い切れません。やはり私たちの心には弱い面もあります。

それでも知らなければ、そもそもとどまるきっかけが生まれません。
ある意味で、失敗をする前から勝負はついてしまっているのです。だから、避難訓練でありワクチンが必要なのです。

失敗もピンチのひとつです。ここまでの話を聞けば、ピンチをあらかじめ研究しておくことの大切さに、異論はないでしょう。

世の中では、成功方法ばかりが注目されがちです。「これだけやれば大成功」とか「自分はこうやって成功した」とか。

でも、他人の成功を学んだところで、実はあまり役に立ちません。

一方で、**ピンチや失敗を学ぶことの効果は確実です。**

息の長い社長を志向するならば、先に学ぶべきはこちらです。

24 生き残る社長は、あらかじめピンチを学んでおく

小さな会社の 25

生き残る社長は悩み続け、潰れる社長は早く答えを出そうとする。

「悩んでいるということは、思考停止になって何も考えていない状態だ。ちゃんと頭を使って考えて、解決方法を見つけなければいけない」

かつて何かの本でこんなフレーズを読んだ記憶が少しだけあります。まだ私が、独立してそんなに日が経っていなかった頃のことでしょう。

当時の私は「そうか！　悩んでいてはダメだ」と、素直にこの教えを受けとりました。

しかし、今の私の感覚は、ほぼ１８０度変わりました。

「**悩んだままでも、それはそれでOK**」と。

悩むことが好きな人はきっといません。頭の中がモヤモヤし続けるのは気持ちの悪いことです。早くスッキリさせたいですよね。

それゆえ私たちは悩みをおわらせたいと思うわけですが、本当に悩むことは悪なのでしょうか。どうも悩むことが不快なことであるために、「悩むこと＝悪いこと」とされてしまっているような気がします。

悩むことによる不快な感情と、悩むことの善悪は分けたほうがいいのでしょう。


ある土産物を作っている会社の社長がいました。

インバウンドが盛り上がる前の時代だったため、その地域の観光は先細りが予想されていました。さらに、その土産の品物も古びて、いまどきではない印象がありました。

このあたりは売上等の数値にも現れ、伸び悩みから、閉塞感に覆われていました。

社長は「どうにか打開しなければいけない」と悩みました。

そんなタイミングで、コンサルティング会社からセミナー告知のDMが送られてきました。「これからの時代は温浴施設が儲かる」というネタです。

チラシを見て「これだ！」と直感した社長は、セミナーを受講し、コンサルティング会社と契約。多額の投資をしてスーパー銭湯を建設しました。

しかし、見込んでいたほどの客足には遠く及ばず、施設はたった数年で閉鎖。あまりに大きな借金だけが残ってしまいました。

悩みを解消したいと願う社長に対して、タイミングよくエサが投げ込まれて、思わず飛びついてしまったという悪い事例です。

なお、スーパー銭湯をつくるというとってつけたような打ち手に対して、「そもそも正当性や必然性を欠いていたのでは？」という話は、すでに書かせていただいたところです。

早く悩みから解放されたいという気持ちは、筋の悪い話に飛びつかせる温床となります。それは**問題解決策のように見えて、実は逃げの行動だったりする**ものです。

たくさんの相談を受けていると、人はいかに自分に都合のいい情報だけを集めてくるか、いかに自分に都合よく解釈するかと、驚かされることがあります。「他の税理士や弁護士の先生はこう言った」とか。たいていは、自分に有利な意見ほどあてにならず、自分に厳しい意見ほど正しかったりするのですが……。

今の時代、私たちはよりせっかちになってしまっています。悩みだって一刻も早く終わらせたくて仕方ありません。早く答えがほしいのです。

禅宗のお坊さんから、修行時代の話をお聴きしたことがあります。

「師匠から問われたことの答えがわからず悩み続けた。いくら悩んでも答えが見つからないから、1年くらい経ったときに師匠に答えを聞いてみた」と。

どんな問いで、どんな答えだったのかは忘れましたが、同じ問いを、1年間も問い続けたという話にえらく驚かされたことは覚えています。

悩み抜いたからこそ出会える答えもあるでしょう。ときには悩み続けたという経験が必要なことだってある気がします。

一度会社を倒産させたものの、再起を果たした社長がいます。

「堕ちていくときは不安で仕方なかった。それで、いろんな話に飛びついてしまったが、全部マイナスにしかならなかった。死にたいという誘惑にも何度もかられた。ある意味で底まで堕ちたとき、ようやく肚が据わり、まともな思考ができるようになった」

一番きつかった時期の経験をこう語ってくれました。

自然と浮上しはじめるそのときまで、いかに悩み続けられるか。息を止めて我慢できるか。ポイントはこんなところなのでしょう。

25 生き残る社長は、悩み続ける力がある

小さな会社の 26

生き残る社長は組織を変化にさらし、潰れる社長は組織を硬直させる。

私が息の長い社長として、勝手に、そしてひそかに注目している社長がいます。

社長の会社では、3か月ごとに社長を含めた全スタッフで席替えすることをルールにしているそうです。

席替えとは、懐かしい響きです。好きな子の隣の席を願った学生時代を思い出させます。

それにしても、社長はどうして定期的に席替えをさせるのかを聞いてみました。

「**組織を硬直化させない**ようにするためですよ。わずかな人数の会社だから人事異動もないし、仕事内容も基本ルーティーンばかり。**放っておいたらスタッフの気持ちまで固まってしまう**気がするんだよね」

こんな発想は思いつきませんでした。

正直なところ、席替えにどれほどの効果があるのかはわかりません。それでも、社長が平時から組織の硬直化を警戒し、変化にさらそうとしているセンスに「さすがだなぁ」と感心してしまいました。

時間がたつほど、メンバーが年齢を重ねるほどに、普通、組織は硬直化していきます。人材はわがままになって柔軟性がなくなっていきます。すると、いざ本当に変化が必要な時がきたときに、柔軟性を失って対応できなくなってしまうのです。

業績が悪化し、経営の再建が急務となった別の会社がありました。資金ぐりに窮して、各銀行に借金返済のリスケジュールの依頼もしていました。しかし、会計的なアプローチには限界があります。本来の仕事が改善されないことには、復活なんてできません。

この点、多くの社長が誤ります。借金に窮した社長は、目の前の借金をどうにかすることばかりを考えてしまいがちです。

法的アプローチによって、返済の期限を延ばしたり、借金の額をカットすることはできます。でも、復活できない会社が大半です。商売が崩れたままだからです。いくら借金を減額したところで、本業で利益が出せないのであれば問題の解決にはなりません。

この会社でも、本業が崩れていました。

特に目についた点は、従業員がろくに働いていないところでした。顔には危機感のかけらもなく、何もしないでボーっとしているような時間が長いように見えました。

そこで社長と私は、スタッフに対して、従来の自分の役割にとらわれず、一人で複数の役割をこなしてもらう企画を考えました。

ホテル業でたとえれば、フロントの人材でも、お客さんが来ない暇な時間は、ベッドメイクや夕食の準備にも参加してもらうイメージです。

一人が何役もこなすことで、何もしない無駄な時間が減り、結果、バイトを減らして人件費を抑えることもできるだろうという思惑でした。

正社員全員に集まってもらい、まず会社の厳しい状況を共有しました。次に、仕事の範囲の拡大について社長から各自に指示を出すつもりでした。

経理担当の女性に、社長から「Aさんには、今後、営業のサポート業務もお願いします」と伝えたときです。

「いえ、それは私の仕事ではありません！」

間髪入れずに拒否されました。

（会社が危機的状況なのに……）　私は唖然としました。

この会社の従業員からは、会社をどうにかするため「自分たちにできることをやろう」「自分たちを変えよう」という姿勢がまったく感じられませんでした。

一方で、会社に貢献せず、自分たちの責任は果たさなくても、権利ばかりは立派に主張するのです。

組織の硬直化とは、まさにこういうことなのだと実感しました。

日ごろから柔軟運動やストレッチをして動かしておかないと、関節が固くなってしまいます。人間も、変化のない日々のくり返しでは、凝り固まってしまうのでしょう。

変化に対応できる柔軟性を保たせなければいけません。

26 生き残る社長は、組織の硬直化を日ごろからほぐす

小さな会社の

27 生き残る社長は非情なリストラをし、潰れる社長はやさしく削る。

利益が出せなくなっている会社のY社長がいました。「これからどう経営すればいいのか？」と私に相談に来られた方です。

経営環境は悪く、本業には向かい風。そして、Y社長を含めたオーナー一族には、事業を立て直すほどの気概と力量が足りていないと感じました。

今すぐ廃業すれば、会社にはまだ資産があるので、借金は残らないし、従業員も経営陣もそれなりの退職金や手当を手にできるでしょう。

私は「もう会社は廃業させたほうがいい」と伝えましたが、Y社長にはまだ廃業という選択肢が飲みこめません。そして「もう一度チャンスがほしい」ということで、部分的なリストラだけを実施して赤字の解消を狙うことになりました。

リストラを決断したY社長ですが、迷走がはじまりました。

リストラ案をまとめて実行すると決めていた期日は、どんどん先延ばしになります。

人員削減の内容についても、当初は約10名を予定していたものの、日がたつにつれ「削減する人数をもっと減らそう」と言い出す始末です。

「あいつには家族の事情があるから、やっぱりリストラ対象から外してあげたい」

「残った従業員の給料もカットすれば、削る人数を減らすことができるのでは？」

発言はブレはじめ、雲行きが怪しくなってきました。

社長は、もちろんリストラをしたくありません。会社の存続のためと一度は割り切ったのですが、現実味を帯びてきたことで、心の弱い部分が顔を出してきたのでしょう。

「リストラはちょっとだけで済ませたい」という、逃げ腰が透けて見えました。

気持ちはわかるんですけどね……、でも、これではリストラは成功しません。

中途半端なリストラはしたものの、結局会社は立ち直らず、数年後に廃業。従業員に手渡せる退職手当の額は大きく減ってしまいました。Y社長以外の関係者は、心の中で「だったらはじめから廃業したほうがよかった」と思ったことでしょう。

リストラには思い切りが必要です。

なお、リストラは必ずしも、スタッフの首を切ることだけではありません。しかし実際は、影響力の大きい人員削減が、リストラの中心的取り組みになることが多いのです。

その人員削減ですが、批判を恐れずに言えば**「人を削り過ぎるくらいでちょうどいい」**と考えています。

多くのケースでは、人員の削減数が足りなくなりがちです。社長に、できるだけクビにする人の数を減らしたいという心理が働くためです。

しかも経営はまさに傾いている真っ最中です。リストラをしても、まだしばらくは経営状況が悪くなると想定すべきです。リストラ時点での帳尻はあったとしても、少し時間がたつと「やばい、リストラが足りなかった」となりやすいところです。

リストラに2度目はありません。

よく押さえておきたい鉄則です。

リストラの内容が甘くなって「前回は5人やめてもらったけど、まだ足りなかったから、次は3人やめてもらおう」と、不足を補う必要が生じることがあります。

しかし、現場の従業員の心情を感じてみてください。一度リストラが行われ、仲間がやめさせられました。そしてまた次のリストラが行われるわけです。

「次にやめさせられるのは自分？」「この会社はもうダメなのでは？」

スタッフがこんな疑心暗鬼に陥っていては、会社の立て直しなんてできません。

リストラは一発で仕留め「痛みは全部出し切った、後は前を向いて進めば大丈夫だ！」と、残ったスタッフに社長が宣言できるようでなくてはいけません。


リストラが甘くなるよりは、人員を削り過ぎるほうがましだという意味をおわかりいただけたでしょうか。**一気に削って、一気に雰囲気を上向かせなければいけない**のです。これはリストラに限らず、他の痛みを伴うアクションにも応用できるかもしれません。

最近、M&Aをお手伝いした社長は、会社を買い手に引き渡した日に「15年前に、やむを得なかったといえ、リストラしたことが今でも悔しくて……」と話していました。晴れの卒業の日なのに、です。

事業主の業は深い。でも、やり切るしかないんですね。

27 生き残る社長は、非情なまでにリストラを徹底する

小さな会社の

28

生き残る社長は権利を手渡すことを警戒し、潰れる社長は手厚く手当を設ける。

あくまで中小零細企業に限ってですが（私には大企業のことはよくわかりません）、従業員向けの手当の種類が多い会社に、業績が今ひとつな会社が多い気がしています。手当とは、通勤手当とか扶養手当とかの類です。書籍代手当や、旅行手当、遊ぶための手当などまで出している会社もありました。

福利厚生が手厚い会社のほうが、業績がよさそうな気もするのですが……。いろんな手当をつくるということは、その会社に、ものごとを複雑化させてしまう癖があるのかもしれません。**風通しのよさは、会社の元気さに直結します。**「法律の多い国は無能な法律家の国である」という古い格言もあるそうです。たしかに、手当も含め、社内ルールが多くて良いことはありません。

ものごとは複雑化していきます。意識してシンプルさを失わないようにしましょう。部屋だって、油断するとあっという間に散らかってしまいますね。

そして、複雑化したものを再びシンプルな状態に戻すことは大変です。

読者の社長さんには、この言葉をお届けしておきます。

「一度あたえた権利は、血を見ずにとり戻すことはできない」（奥村の格言）

何かの権利を相手に与えてしまったら、とり戻すことは本当に大変です。あなたにこのような経験がない場合、想像しているよりも10倍、１００倍のエネルギーが必要だと見積もってもいいくらいです。


ある会社では、社会保険労務士と相談し給与体系を見直すことにしました。そして、もう支給する意味がないと考えられた手当の廃止を決めました。

社長は、手当廃止の決定と理由を従業員に伝えたのですが、まあそれからの抵抗がとんでもなかったそうです。

社長は従業員からギャンギャン批判され、一時は仕事どころじゃないくらいにまで炎上したそうです。結局、別のところで支払う金を増やすことを約束し、どうにか矛を収めてもらったそうです。

「何で、たった月3000円の手当を廃止するだけで、こんなに大変な思いをさせられなければいけなかったのか……」

自らが与えた権利で自分の首を絞めるようでは、短命で潰れる社長になってしまいます。息が長い社長であるためには、シンプルさを保つことが大切。その一環として、相手に権利を渡すことには慎重になってほしいところです。

明確な契約はしていなくても、事実上、相手に権利を渡してしまうこともあります。

「夏のボーナスどうしたらいいでしょうか?」

業績が悪い会社の社長から質問されることがあります。

そんなとき私はちょっと意地悪をして、わざとこう言うことがあります。

「利益が出ていないのだから、出さなくたっていいと思います」

すると社長は反論します。「ボーナスは当然出るものだとみなが思っている」とか「ボーナスをあてにしてローンを組んでる者がいるかもしれないし……」と。

私の回答って、間違っていますか。

ボーナスは、会社が得た利益の従業員への還元だと私は定義しています。だから、利益が出ていない会社ならばボーナスを出す必要はありません。

でも、多くの会社では、ボーナスの意味が形骸化しています。給料と同じような意味になり、出すことが当然になってしまっています。

「いつもそうしてきた」という既成事実が、相手に権利を渡してしまったのです。

こういうところにも危険があります。


「会社に長く在籍すれば給料が上がる」という既成事実がある会社もありますね。

あらためて考えるとおかしな話です。会社は成長していない。本人の会社への貢献も増していない。なのに、給料だけが増えることが当然になっているのですから。

このあたりには常日頃から警戒を怠らないようにしておきたいものです。

順調なときは気が大きくなって大盤振る舞いをしがちですし、脇が甘くなりがちです。

あくまで基準は、悪い状況のときに合わせておくべきでしょう。

28 生き残る社長は、相手に、安易に権利を渡さない

小さな会社の

29

生き残る社長は相手の都合が悪い話を語り、潰れる社長はあたりさわりのないように語る。

これからお話しすることは、私の手の内を明かしてしまうような話なので、本当はしたくないところです。

会社をたたむとき一番の山場になるのは、どこだと思いますか。

やはり、従業員をやめさせる場面です。

社長としては、相手はこれまで自分についてきてくれた方々なので、そう簡単に割り切れることではありません。決断と実行にはものすごい重圧とストレスがかかります。

この場面をうまく乗り越えなければいけません。会社をやめることをごねられたり、徹底的に抵抗されたらややこしいことになります。

また、廃業を通知したところで「だったら、明日から会社に来ません」とそっぽを向かれてしまってもダメです。営業を急にはやめられないので、人手がなくなってしまっては仕事が回りません。

進行上、社長に全従業員を集めてもらって、廃業の決定を通知することが通常です。雇用の期限や、退職条件をどのように考えているかについても伝えます。

ここで2つポイントがあります。

まず、**ちゃんと従業員サイドのメリットも作ってあげること**です。法律上の最低条件を満たして、規定どおりの退職金さえ払えればそれで十分とは、なかなかなりません。プラスアルファのメリットまでつくってあげることで、相手も「会社や社長は従業員のことも考えてくれている」と感じてくれることでしょう。

すでにお話しした、自分が少し損をする意識を持つ、に通じるところです。

そしてもうひとつ、とても大切なポイントは、それだけを伝えてはいけないことです。別の言い方をすれば、**相手にとって最も悪いストーリーをしっかり語ること**です。

この廃業のケースでいえば、法律上の最低限のルールはどうなっているか。もし従業員が退職をごねたら、どうなるかなどを先にしっかり伝えます。そのうえで、あらかじめ用意していた、それよりはベターな条件を提示するのです。

たとえば「本来、会社はあなたたちに、規定の退職金しか払う義務はない」と言う。十分理解させたうえで「でもそれでは忍びないところだから、社長の配慮で、特別手当として1か月分の給料を上乗せする」といった具合です。

多くの方が、相手にとっての都合の悪い話を省いてしまいます。穏便に終わらせたいという弱気が、都合の悪い部分を省いてしまいがちなのです。

しかしそれでは、相手に、こちらからの提案のありがたみが伝わりません。悪い話まで伝えなければ、図に乗らせてしまうこともあります。「もっと金をよこせ」とエスカレートしたり、と。

うちのVIP会員になっている社長からも、このような相談がありました。

「うちの番頭が、従業員3人とお得意さん数社を連れて独立したいと言ってきました。あちらが提示してきた条件についてどう思いますか？」

すでに対象スタッフと顧客にも話を通しているそうです。「独立が夢でした。社長に気持ちよく送り出していただければ」と言われたとも。

先方から提示された独立の条件の検討に入っている社長に、私は言いました。

「社長がまずすべきことは、提案の良し悪しを検討するのではなく、相手を否定することだと思います」と。

ナンバー2は、業務中に、自分の独立の話を進めていたわけです。不正な行動です。

また、自分一人でやめるならば勝手にしろですが、顧客や従業員を連れて行くとなれば話は大ごとです。造反です。

「従業員と顧客を連れて行くことを認める筋合いは私にない」

「悪いのはお前だ」

ここのところをまずははっきりさせるべきだと考えました。仮に最後は交渉のテーブルについてあげるにしても、出発点がズレたまま話をすべきではありません。

今の時代は人のよい社長が増え、衝突を避けたがる傾向にあります。

それでも、相手にとって都合の悪い話をしておくことは避けてはいけません。ここで勇気を出しておけば、後で必ず効いてきます。

29 生き残る社長は、相手にとって悪い話をしっかり語る

小さな会社の

30

生き残る社長は臆病に選択肢を増やし、潰れる社長は玉砕覚悟で進み続ける。

最近、ｎｏｔｅで山口周さんの記事を読むために有料会員になってみました。はじめて読んだ記事はオプション・バリューについて書かれていました。オプション・バリューとは、「選択肢＝オプションを持っていることの経済的価値」だそうです。記事の中で、不動産における手付金もオプション・バリューだと語られていました。不動産取引の世界では、契約時は手付金だけを払い、後に残金を決済することが慣例です。手付金は、不動産価値の5から10パーセントとされるのが一般的で、こちらの都合で不動産を買うことをやめたとき、この手付金は戻ってきません。

一般的に、これはペナルティだと考えられることでしょう。しかし山口周さんは「買うことも、買わないことも選択できる権利」と捉えました。

なるほど。手付金を支払うことで、選択肢が増やせるのです。

「選択肢を増やしておけ！」というのは、経営者によく投げかけられるアドバイスです。もう聞き飽きたという方だっているかもしれません。

でも、実際に選択肢を増やす行動をしている人、選択肢を増やせるように意識している人がどれほどいるのでしょうか。

追い込まれて選択肢が残っていない人間と、十分な選択肢を有する人間では、どちらのほうが世の中をうまく泳いでいけるかは明白です。

選択肢を増やすためには、損を厭わない姿勢が大切です。

たとえば不動産の手付金だって、不動産を買わなくなれば、損をすることになります。損を受け入れられなければ、買わないという選択肢を手に入れることはできません。

何か法律トラブルが起きたときのために弁護士と顧問契約を結んでおくこともあります。思わぬ損害が生じたときのために保険に入ることもあります。これらは、事が起きなければ損してしまうお金になります。

でも、お金を払っておくことで選択肢が増やせます。こういったものにお金を払えるかが、社長のセンスです。ロングライフの社長たちは、必要なお金と捉えることができるのでしょう。

「とにかく得をしたい」という感覚が強くなると、選択肢を減らすことになりがちです。


選択肢について語ってきましたが、では、究極の社長の選択肢とは何でしょうか。

私は「社長をやめられること」だと考えています。

苦しくなったとき、経営状況が悪くなったとき、他のことをしたくなったときでも、「社長をやめる」という選択肢を持っていられれば心強いところです。

身を引くべきところで身を引けず、状況を悪化させて、傷口を広げた社長をたくさん見てまいりました。小さな会社の場合、社長をやめることはとても困難なのです。

そのような惨状を見てきた経験から、かつて、社長のための退路開拓勉強会たるものを企画したことがあります。社長をやめるときに備えておこうという企画意図でした。

社長をやめるとき何が起きるかを見据えて、前もって準備と対策を考えます。

別の言い方をすれば、瀬戸際に追い詰められてから「会社への役員貸付を回収したい」とか「自宅を妻の名義に変えたい」とか言い出すなという話でもあります。

退路開拓勉強会に参加された社長の一人が、友人の社長も「一緒に参加しよう」と誘ってくださったそうです。

ところがその友人からは「退路なんて考えて、経営をしていられるか！」と一喝されてしまったそうです。懇親会の時に苦笑いしながらお話しされていました。

都合の悪いことは起きないものとする。

ネガティブなことは一切考慮せず、とにかくできると念じる。

未だに、こんな感覚の社長は案外多いのかもしれません。

これでは自分を追い込んで窮屈になってしまうし、常時玉砕覚悟はエネルギーを無駄に失います。こんなトップの下で働くスタッフだって、たまったもんじゃありません。

臆病でいいのです。臆病になって、**起こり得る悪い状況をたくさんイメージしてみましょう。**そのうえで、**選択肢を増やして備えられたらいい**ですね。

30 生き残る社長は、選択肢を減らさないように注意する

31 小さな会社の生き残る社長は曲がり角を前に減速し、潰れる社長はスピードを落とさないで突っ込む。

とある心理学の先生が主宰したセッションに参加したことがありました。

無意識の領域にアプローチするようなテーマでしたが、ロングライフを体現している社長さんたちがたくさんいて「こういう方面にまでアンテナを張っているんだ」と、すごく感心させられました。

大浴場でたまたまご一緒した社長さんに、お湯につかりながら（泊まりがけの企画でした）お話を伺うことができました。

その方は、もう30年近く事業を続けているそうで、少し話をするだけで実直でまじめな性格が感じ取れました。間違いなく、いい経営をなされていることでしょう。

これはチャンスとばかりに、どうやったら社長として長く活躍ができるのか、質問しました。

「守りばかり固めていてもダメなときはダメですからね。だからいざというときに動けるようにしておかなければいけないと、日ごろから意識しています」

いいお話を聞けました。いかにも手堅そうな守り重視タイプの社長さんが「動き出せること」を重視していたのです。

守りに軸足を置き、長きにわたって経営を続けてきた方です。なのに、今でも攻めに転じるタイミングを逃さないよう意識しているところに、凄みを感じさせられました。


私は本書で、どちらかと言えば消極的で、守りを優先するような話ばかりをしていると自覚しています。新しいことに飛びついてブレないこととか、余計に動かないことなど。

下手をすると、私がしたお話が、「動きたくない」と心のどこかで思っている社長に、動かないための言い訳を提供してしまうことにならないかと、少々心配しています。

時には大胆に動かなければいけない時があることは、忘れていただきたくありません。

世界は複雑で、状況はいつも変わります。動く、動かないの、両極端な考え方では対応できません。

私がこれまでお話ししたことは基本姿勢であり、間違ってはいないと思いますが、「今もその姿勢を適用すべき時なのか」は、あらためて状況を見ながら判断してください。

今の日本は成熟社会となり、多くの既存産業が曲がり角に差しかかっています。これからの未来は、これまでどおりではうまくやり切れない場面も出てくるでしょう。

ここあたりでいったん減速し、「会社が生きていくために欠かせない柱は何か」を確認してみませんか。

人間であれば、空気があって、食糧があって、生活を維持できるお金があって……と、生きるために必要な柱があります。

では、あなたの会社が存続することを支えてくれていた柱は何でしょうか。思いつくだけ書き出してみましょう。

次に、書き出した会社を維持する柱を見てみてください。遠くない未来において、経営環境の変化によって失われてしまいそうなものがありませんか。

たとえばこのようなイメージです。

「これまでは原料を安く仕入れることができたけれど、この先は高騰することが見込まれている」

「元気に動ける若い人をずっと雇用できていたが、過疎が進む今の地域では、近い将来採用は難しくなる」

会社の存続を支えてくれていた柱が無くなることが見えたのであれば、それはもう動かなければいけない時期に差しかかっています。

現在のビジネスモデルを捨てて、新しいモデルにつくり替えなければいけないかもしれません。顧客獲得や採用のために、別の地域に出ていかなければいけないかもしれません。究極的には、会社の存続を断念し、廃業方向に動いたほうがいい場合ですらあるかもしれないのです。

ロングライフの社長は、経営環境に対して希望的観測をしません。前に向かってアクセルを踏み込むばかりでもありません。ときに減速し、前方を確認します。

これまであなたの会社を支えてくれていた柱は、今後も会社を支えてくれますか。

31 生き残る社長は、会社の存続を支える柱をたしかめる

小さな会社の

32

生き残る社長は会社に見切りをつけ、潰れる社長は会社の維持に固執する。

本業は赤字に転落。資金ぐりも苦しくなってきた。

業界は斜陽産業に属し、社長には事業を黒字化させる策はなし。

このまま手をこまねいて見ていたら、会社をたたんだとしても、借金を全部返すことすらできなくなってしまう。社長は借金の連帯保証人だから、そのときは、個人の資産を投げ打ってでも返済しなければならない。

こんな状況で、何ができますか。

一刻も早く事業を止めて、現金の垂れ流しを止める。これしかないのではありませんか。とにかく早く出血を止めないといけません。皆さんも、そうお考えになったはず。

ところが、案外、現場の様子は違うのです。

「会社をたたむと、従業員の雇用を維持することができなくなってしまう」

この期に及んでまだこんなことを言い出す社長が、過去に何人もいました。廃業のプロジェクトを組み立てて実行させなければいけない立場にいる私は、こんな発言を聞くと少々うんざりしてしまいます。

そもそも赤字の会社が、人を雇い続けることなんてできません。この真実を捻じ曲げることは誰にもできないのです。

問題には、努力すればどうにかできるものと、いくら悩んだところでどうにもできないものがあります。このケースの雇用の継続は、後者です。受け入れるしかありません。

会社を船にたとえましょう。従業員は船をともに動かす船員です。

赤字の船は船底に穴が空いて水が入ってきているような状態です。そして、浸水を止められない場合、船長は、航海に見切りをつけ、目的を避難へ切り替えなければいけません。そうしなければ、船長のあなたは船と一緒に沈むことになります。

映画では、船長が避難しないで、船と命をともにする場面を観ることがありますが、不可解です。船は船で、あなたはあなた。会社は会社で、社長は社長。別の存在なのです。

いざというところまで追い込まれたら、会社や事業に見切りをつけて、自分は脱出する発想を持ってください。

会社は、乗り物です。しょせん道具です。会社が潰れたところで、あなた個人の社長人生まで終わってしまうわけではありません。逃げるべき時に逃げられれば、しぶとく、仕事を続ける道も見えてきます。

ただし、避難はみなではできません。船から降りたら、あとは各自が自分で身を立ててもらうしかありません。

最後の最後まで「雇用を守りたい」という社長の情の厚さには、頭が下がります。しかし、あえて言わせていただきましょう。会社が潰れる寸前に、まだ雇用だとか言う社長はヤバいです。平和ボケし過ぎです。

重大な決断から逃げたい心理がそう発言させるのかもしれません。いい人と思われたい自己保身が原因の場合もあるでしょう。思考の混乱によるケースも考えられます。危険です。

たとえば、私のようなコンサルタントに「なるほど。社長はとにかく雇用を維持することが最優先なのですね」と、発言を額面どおりに受けとられたらアウトです。逃げる機会を失ってしまうことになりかねません。

この本は、著者が本気で、社長のあなたが生き残ることを願って書いている本です。

一見似ているように見える多くの他の本は、いかに「会社を」生き残らせるかという発想でしょう。会社の存続が優先で、その奥にいる社長という人間のことは見ていません。

しかし私にとっては、「社長に」生き抜いていただくことが何より優先です。

やむを得ない状況になったら、ためらうことなく会社を見捨ててください。

切羽詰まったときに時間的猶予はほぼなく、選べる選択肢もほとんど残っていません。

この状況下においては、本当に優先すべきことだけに徹してほしいのです。

避難を選んだのであれば、あとはただ黙って遂行あるのみです。

長く生き抜くために、いざというときに逃げられる人間であってください。

32 生き残る社長は、いざとなれば会社を捨てて逃げる

第4章

関係性

小さな会社の 33

生き残る社長はフラットな関係を築き、潰れる社長は相手の上に立とうとする。

この章では、関係性を扱います。もちろん誰もが、他者と関わらずに生きていけるわけではありません。ロングライフのための関係性を考えてみたいと思います。

私の尊敬する友人に鮒井さん（仮名）という方がいます。友人と言っても、年齢的には私より2まわりも上の方です。

元経営者で、自分たちはリスクをとろうとしない業界の姿勢に違和感を覚え、本当の意味で顧客と歩む会社をつくろうと独立されました。起業後の会社経営は狙いどおりにうまく進み、すでに後進へ会社を譲って経営の一線からは身を引いています。まさにロングライフを実現した元社長です。

この鮒井さん、相当な金を持っています。具体的にはわかりませんが、私の嗅覚が間違いないと言っています。ご本人がいないところでは、知り合いの間で「鮒井銀行」と呼ぶこともあります。人生の大先輩に向かって何とも失礼ですが……。

さて、この本を書くにあたってアイデアを考えているとき、鮒井銀行、ではなくて鮒井さんのことを思い出しました。ロングライフの秘訣を導き出そうとしたためです。

ひとつ気づいたことがありました。

「あれ？　鮒井さんに飯をおごってもらったことがないかも」

何度か食事をご一緒したことはありますが、おごってもらった記憶がありません。

ちょっと話を聞かせていただきたいときに、私がおごったことはありました。でも、逆は、あったかどうか……。

鮒井さんは金を持っているのにケチだ、とクレームをつけたいのではありません。

「金の力を使わずして、自分よりもずっと年下の人と付き合えるのってすごいことですよね」と、ここでは言いたいのです。

なお、他の共通の知人に聞いたら「おごってもらったことがある」と言っていたので、相手によりけりなのかもしれません。

鮒井さんが、飯をおごってくれない理由はわかりません。

意図的にそうしている可能性もあります。たしかに、毎回おごられると、こちらも気をつかって誘いづらくなったりするものです。

もしくは天然のケチなのか、奥村のことが好きではないのかも……。

いずれにせよ、鮒井さんはおごってくれなくても、私は鮒井さんと付き合いたいから付き合っています。ここが大切なところでしょう。

自分の場合を考えてみます。

やっぱり、年下の人と食事することになったら、「自分が出さないといかんかな」と軽く悩みます。その裏側には、年上としての威厳を保ちたいとか、カッコイイところを見せたいという下心があります。ケチだと思われたくないという気持ちもあるのでしょう。心の中に力みがあり、相手からの評価をコントロールしてやろうというちょっとした野心があるわけです。

鮒井さんからはそれを感じません。だから気持ちよくお付き合いができます。大御所なのにとってもフラットなのです。力が入っていなくて自然体です。

すごいことだし、素敵なことだと思いませんか。

フラットな自分でいられれば、気負うことなく、楽に豊かに生きられます。

他者と良い関係を築くこともできるでしょう。大人になって友達ができなくなったという話はよく聞かれますが、このあたりが関係している気がします。

しかし、フラットでいると言葉でいうのは簡単ですが、そうあるのは難しいことです。私もいつもフラットでありたいと思っていますが、まったくできていません。

普通はどうしても、自分をよく見せたいという欲が働いてしまうと思います。また、自分の中に抱えているコンプレックスが、フラットでいることを邪魔してしまうことだってあります。

他者との関係性を考えることがこの章のテーマですが、相手のことより先に、まず自分のあり方をチェックしてみるのがよさそうですね。

33 生き残る社長は、自然体でいられる術を身につける

34

小さな会社の

生き残る社長は従業員の操作を断念し、潰れる社長はやる気を出させようとする。

「従業員にやる気を出させたい」

経営者であれば、こう思ったことが一度や二度はあるでしょう。この項では「従業員のやる気」について考えてみたいと思います。

そもそもどうして社長は、従業員にやる気を出させたがるのでしょうか。従業員にやる気があれば仕事で優れた成果を出し、ひいては業績が上がる、という思考パターンなのだと思います。

では他人のやる気って、私たちが出させることができるのでしょうか。こんな問いを自分に立ててみたら、答えに窮してしまいました。私なんて自分自身のやる気すらろくに操作ができません。ましてや、他人のやる気なんて……。

おそらく、やる気というものは直接操作はできません。「ここのツボを押したらやる気が出る」みたいにはいかないのです。

そうです。やる気というのは、結果です。

原因は別のところにあって、その結果がやる気として現れるのです。

やる気そのものは操ることができないとなれば、**社長にできることは、まず従業員のやる気を奪うものをとり除くこと**ではないでしょうか。

ここで、従業員にやる気を出させようとする社長の問題があぶり出されます。

相手にやる気を出させようとする姿勢には、「相手を自分の思いどおりに操作したい」という思惑があります。

ところが、操作されてうれしい人はいません。操作されてやる気が出る人もいません。

従業員にやる気という結果を出させるためには、社長のあなたが、人を操作しようとするマインドを手放す必要があります。

たとえば、スタミナドリンクを飲ませてテンションを無理に上げるようなやり方で、いっときだけやる気を出させることができるのかもしれません。

でも、そんなのは長続きしません。無理がない形をつくりましょう。

仕事の環境を整備し、従業員のやる気が出てくるのを待つことが王道です。

従業員がやる気を発揮することを妨げているものを見つけては除去したり、メンタルコンディションを整える仕組みをつくったり、といった方向性です。


やる気を引き出す仕組みづくりとして、成果報酬を考える社長は多いところです。

実際のところは、検討だけして「やっぱり、やめておこう」という結論になりがちです。**社風や仕事のやり方が、成果報酬と合っていない場合が多い**ためです。

成果報酬に合う会社は、自分の成績を上げることにギラギラした社風で、個人の仕事の成果がわかりやすい場合だと思います。


「給料さえ上げれば従業員はやる気を出す」と考える社長がいらっしゃいますが、この考え方は危険です。

給料は低いと不満になり、やる気を奪う原因となります。だからといって、給料が高ければ、従業員は満足してやる気を出すわけでもありません。

さすがに給料を上げた直後の従業員の満足度は上昇するでしょう。しかし人間は、すぐに慣れてしまう生き物です。**お金で買ったやる気は長続きしません。**

このあたりは心理学の世界では証明されているはずです。

最後に人事評価制度についても触れておきます。

公平性が失われることは、やる気を阻害する原因になってしまいます。そこで「わが社にも全従業員が納得する公平な評価制度が必要だ」と考える社長はあとを絶ちません。ところが専門家を雇って策定したものの……「全然使いものにならない」や「面倒くさ過ぎる」という失敗におわったケースが腐るほどありました。

そもそも、人間を公平に評価することができるでしょうか。私には不可能だとしか思えません。不可能を追求したら、底なし沼にはまります。

34 生き残る社長は、従業員のやる気を奪うものを除去する

小さな会社の 35

生き残る社長は問題が起きたときに指導し、潰れる社長はいつでも指導する。

従業員であれ、子どもであれ、相手があなたの指導を最も受け入れるタイミングはいつでしょうか。

相手に伝えたいことがあっても、なかなか伝わらないのが現実です。さも話を聞いているポーズだけとって、実際はすべて聞き流されることすらあります。

こんな手ごわい相手に聞く耳を持たせるには、タイミングを見極めたいところ。強引に聞かせるには限界があります。

では、いかなるタイミングがベストでしょうか。

人が指導に対して真剣に耳を傾けるのは、自分が失敗したときだと私は考えています。

「やってしまった」と感じているとき、人はさすがに謙虚になります。もっと学ばねばいけないと痛感していることでしょう。このタイミングを逃したくありません。

私は事業主になった当初から、なぜかこの感覚だけは身についていて、新しく事務所に就職したスタッフに対し、少ない労力で効果的な指導ができました。

やはり最初が大切です。

「早く失敗しないかな」と、私は新しく入ったスタッフを横目でいつも観察していました（かなり性格が悪いですね）。

そして失敗を見つけたら、すかさず指摘。この際に、私が組織で大切にしたいことなど、普段はなかなか伝えきれない深いところまで話すようにしました。

失敗時を逃さないために、**まず失敗させなければいけません。**失敗することが見えていても、あえて従業員や子どもを泳がせなければいけません。ここで**先回りして、失敗を回避させてはいけない**のです。

口も手も出せないというのは、気が気じゃないと思われるかもしれません。

しかし、失敗を予見できれば、楽に見守ることができるようになります。私には「この子が失敗をするときは、こんな失敗だろう」という予想ができました。

人の失敗とまでいうと言い過ぎかもしれませんが、初心者の場合、仕事の失敗は、大きく分けて2タイプしかありません。

積極的に失敗するか、消極的に失敗するか、だけです。

かつて自動車教習所に通っていたとき、教官が「狐と猫は自分から飛び出て車にひかれ、狸と犬は逃げ遅れてひかれる」と言っていました。狐は積極的失敗タイプで、狸が消極的失敗タイプということになります。

前者の狐タイプは、仕事を達成する意気込みが強く、自信があります。積極性ゆえに、確認や注意を欠いて失敗します。小さな失敗をちょこちょこする傾向があります。

後者の狸タイプは、慎重な人や自信のない人です。消極的な姿勢で失敗します。自分で処理できない問題を抱え込んでしまったり、時間がかかり過ぎて期限を守れなくなるというパターンの失敗をします。失敗の数は少ないけれど、抱え込んでいた問題を大きなものにしてしまうことがあります。指導者とすれば、より怖いのはこちらかもしれません。

相手を見れば、その人が狐か狸のどちらのタイプかすぐにわかることでしょう。失敗の傾向さえわかれば、タイミングを見計らって声をかけたり、ミスを指摘することができるようになります。

私のやり方はあくまで個人的な方法であり、誰にとっても有効だという自信はありません。参考程度にしておいていただければ。

ただし、コトが起きたタイミングを利用するという点については、是非とも、皆さんに意識しておいていただきたいところです。この勘所をつかめば、効果的な指導ができるようになります。いつでも口や手を出そうとする社長が、子育てや従業員育成の場面で、相手の意欲を削いでしまっている光景は、頻繁に見受けられるところです。

さらに話を広げれば、コトが起きたタイミングを利用する方法は、人の指導だけでなく、交渉ごとや事業展開などまで応用が利くものです。

自分からコトを起こすのは大変ですが、起きたコトを利用することには力がほとんどいりません。まさに合気道の世界ですね。

35 生き残る社長は、コトが起きたタイミングを使って人を育てる

小さな会社の

36 生き残る社長は組織全体を考える人を右腕とし、潰れる社長は仕事ができる人を選ぶ。

「自分の右腕になってくれる人が社内にほしい」

右腕とは、まさに多くの社長が恋焦がれる人材です。

先日も、弊社のＶＩＰ会員の社長さんと、こんなやりとりをしました。

社長：「そろそろ自分の代わりに仕事をまかせられるスタッフを見つけたいんだよね」

奥村：「ナンバー2がほしいということですね。その人にどんな条件を求めますか？」

社長：「そうだなぁ。仕事ができて、責任感があって、顧客から信頼されて、私に聞かないでも臨機応変に自主的に動けることかな。あと、これ大事。独立志望じゃないこと」

奥村：「なるほど。そんな人材って、どこかで見つけられそうですか？」

社長：「……いないよね（汗）」

小さな会社に来てくれて、仕事はすごくできるのに、独立をする気はない。

こんな社長の右腕になれる人材とは、あまりに希少な人種です。自分がトップに立ちたがる起業家や経営者に比して、**ナンバー2に向いている人材は、あまりに数が少ない**というのが実感です。そう出会える人材ではないと覚悟しておいたほうがいいのでしょう。

それでも求めることをやめてはいけません。

そして、**「この人ならば！」と感じる相手を見つけたら是が非でもものにしてください。**

ここで出し惜しみをしてはいけません。お金であれ、愛情であれ、機会であれ。相手にその気になってもらうためには、最初から最大火力でアピールです。

ところが、ここぞの場面ですら、変な平等意識をもってしまうのが我々日本人ではないでしょうか。「特別あつかいをしてはいけないんじゃないか……」と。

しかし、ナンバー2の人材を手にできるなんて、めったにないチャンスです。「あなたが、必要なんだ」とアピールするには、社内の平均給料の何倍も提示したっていい感じすらします。

三国志では、劉備玄徳が三顧の礼で諸葛孔明を迎えました。

これがもし、昔からの側近である関羽や張飛に気をつかっていたら、孔明の心を動かすことはできなかったでしょう。出し惜しみするな。遠慮するな、です。

次に、幸いにもナンバー2の候補が社内にいる場合に目を向けてみます。

ここでの問いは「候補者を右腕としてとり立てていいか」または「複数いる候補者をどうやって選別したらいいか」になることでしょう。

こういうときは、発言や様子を観察し、会社全体の利益を考えている人を選ぶべきです。

逆に、自分のことが優先の人は、危険です。

仕事ができる人は過大に評価される傾向があります。でも、一人のプレーヤーとしての能力と、チーム全体で結果を出させる能力は別です。営業として個人の成績がすごく良かったため、管理職に引き上げたら全然ダメだったというケースはたくさんあります。

こんなことを言われなくても、社長はわかっているのでしょう。

しかし現場では、個人として仕事ができる人をついつい過大評価してしまったり、やたらと気を使ってしまっているケースをたくさん目にします。

全体の利益を見られない人には金だけ渡しておけばいいのでしょう。

「功ある者には禄を与えよ、徳ある者には地位を与えよ」の言葉のとおりです。

「そんなこと言ったって、あいつにやめられたら売上かなり減りそうだし……」

一人のデキる社員に対して過剰に気をつかう社長の弱腰を指摘すると、よくこんな弱音が返ってきます。

でも、経験上、やめられてもきっと大丈夫です。たいてい、社内で仕事ができると思われていても、他の人に代わりができないほど特別に優れているわけでもありません。

また、社長の腫れ物に触るような態度が、相手を増長させたり、他の人が手を出せないブラックボックスを作ってしまいます。こっちのほうが、より大きな害になります。

最後に、会社全体のことを考えて仕事をしてくれる右腕は、がんばり過ぎてしまう傾向があります。突然燃え尽きたり、心身に不調を来したりすることがよくあります。

大切な人材です。仕事量の調整など、社長がケアしてあげてください。

36 生き残る社長は、会社全体のことを考えてくれる右腕を手に入れる

小さな会社の

37

生き残る社長は相手の話に耳を傾け、潰れる社長は自分の話をする。

中国古典の『易経』にまつわるエピソードを、前に紹介しました。

易経は「陽」と「陰」によって世界を表現します。

陽の象徴は天であり、対する陰の象徴は地です。ほかには、昼間は陽で夜が陰、男性は陽で女性が陰とされています。現代の感覚では、男だ、女だと切り分けることに抵抗感があるかもしれませんが、古代にできた書ということで流してください。

「これは陽か、陰か」と、自分なりに仕分けしてみるのも面白いものです。

さて、この陽と陰ですが、はたしてどちらが強いと思いますか。

陽は積極的で攻撃的。対する陰は、受け身で防御的。普通に考えると陽のほうが強そうです。短期間の戦いならばまずそうでしょう。

しかし、**戦いが長期戦になると、陰のほうが強くなる**ことが起こり得ます。

私の知っている人は、結婚当初、奥さんに対していつも偉そうに威張っていました。「あれをやれ」「これをやれ」と奥さんにいつも命令していました。

ところが何年も経ってこの夫婦に会ってみたら、主導権は奥さんに移っていました。

私が思うに、奥さんは何でも夫の言うことを「はい、はい」と受け入れてあげました。結果、夫の奥さんに対する依存度が高まりました。

また、夫の浮気がバレたことがありましたが、そのときも奥さんは許してあげました。夫は奥さんに対して頭が上がらなくなりました。

こうして年月が過ぎると、関係性が逆転していたのです。


一見弱いように見えて、実は、陰は強いのです。したたかなのです。

たしかに陽にはパワーがありますが、パワーを出し続ければいつか枯れてしまうことでしょう。調子に乗って勢いにまかせれば、道を踏み外すこともあります。

一方の陰には、ものごとを受け入れる器があり、持続力もあります。慎重さだって兼ね備えています。陰が陽を受け入れ続けると、先ほどの夫婦のように、陽を喰ってしまうことすら起きます。

息が長い活躍をしたいのであれば、こんな陰的な要素をとり入れることがポイントになると、易経は教えてくれています。

社長は組織のトップですから、積極的で行動的なタイプの人が多いのは自然なことです。陽と陰ならば、もちろん陽です。そんな陽タイプの人は、あえて陰的な要素をとり込むとうまくいくのです。

陰的な要素をどうやってとり込むか。考えるといろんなアイデアが出てくるでしょう。

ここで私が強くオススメしたいのは「**話を聴く側にまわること**」です。

社長には、コミュニケーションにおいて、どちらかといえば人の話を聴くより、自分が話すタイプの人が多いことでしょう。そこを聴き手にまわることで利が生まれます。

聴き手でいれば話すネタは枯渇しないし、相手の話から学べることもあります。

さらに相手の好意すら得られてしまうのです。

私は仕事上、クライアントの相談を受ける立場であり、かつては取材で経営者の話を聴く機会もあったので、聴くことの効果を強く体感しています。

実は、**会話というものは、話を聴く側が支配するもの**です。耳を傾けることによって、相手の心をつかみ、心を裸にすることすらできます。当然、深く相手を理解することもできます。

面白い話をする社長と、自分の話をよく聴いてくれる社長がいたとして、長い目で見たときにスタッフなどと良い関係性を維持できるのは、後者の社長でしょう。

聴ける人はよき関係性を築けます。是非とも傾聴にチャレンジしてみてください。

相手を否定せず、自分の意見も言わず、とにかく相手の話を聴いて深いところまで引き出すのです。

37 生き残る社長は、相手の話に耳を傾けることができる

38

小さな会社の生き残る社長は人材を採用できない覚悟をもち、潰れる社長は採用を前提とする。

今日現在、日本全国の中小企業の社長の頭を一番悩ませている問題は「人が採れない」ではないでしょうか。

スタッフが退社し、補充のために採用を試みるも人はなかなか来ない。来たら来たで、こちらが希望していたような人材とはかけ離れていたり……。

また、人材紹介会社に数百万円払ってようやく採用できた人なのに、あっという間にやめられてしまい、紹介料をドブに捨てる結果になったり、と。

採用をめぐるズタボロの悪循環については、いたるところで耳にします。

従業員がすぐにやめるようになったこと、および、採用難の問題は、日本社会の変化が原因です。環境そのものが変わってしまった以上、粘り強く対処する方法を探り続けるしかないのでしょう。こういうとき、すべてを一瞬で解決してくれるような魔法を求めるとドツボにはまってしまいます。

社長としては、まず、若い人を中心とした、今どきの価値観や労働観を理解できなければいけません。

私たちの若い頃であれば、一度就職したら長く勤めることが当然でした。でも、今の若い人たちにとって転職なんて当たり前。

人が辞めやすい条件がそろっている以上、会社としては、やめないで、長く勤めてもらえるような環境づくりに尽力しなければなりません。従業員の出入りが少ないときほど、会社としての生産性は高くなるのですから。

しかし、いかに努力しても、すべての退職を回避できることはありません。

人が採れない時代の採用について、希望的観測を捨てて向き合ってみましょう。

まず、求人広告を相手に刺さるようにしっかりつくることや、ネットを使って、会社のことを伝えるレベルの取り組みは、もはや当然と言ったところでしょう。今となっては、このレベルだけでは歯が立たない場合も多いと思います。

雇用に対し、**給料以外の付加価値をつける**アイデアはないでしょうか。

司法書士や税理士などの国家資格の業界では、伝統的に、資格取得を目指すスタッフのために勉強や受験への優遇制度を設けている事務所がたくさんありました。このような企画が、給料以外の付加価値提供の典型例です。

最近では、モスバーガーを運営する企業が、スタッフの歌手デビューを支援する取り組みを発表しました。これも人口減少時代の採用を考えての企画でした。

何だかんだ求職者の一番目につく情報は給料の額です。この額を高めるアイデアも練ってみたいところです。

ある会社では、**退職金制度を廃止することで、この数字を高く**しました。

たとえば、これまでの初任給の最低額が20万円だったところ、退職金制度を廃止する代わりに、月給を25万円に引き上げるようなイメージです。

そもそも退職金は、会社に長く勤めることを前提としてつくられた制度でしょう。しかしその前提が崩れています。「長く勤めたらお金を渡す」ではなく、最初から支払ってしまうという発想もあり得るのかもしれません。

その他、仕事を因数分解して可能なかぎり細かく分け、短時間で、経験が浅くても手軽に働ける用意をしてあげることで、求人難に対応できる場合があるかもしれません。

究極的には「採用をあきらめること」すら視野に入れておくべきなのでしょう。地域や業種によっては、それくらい人材採用は壊滅的な状況です。

ウチのＶＩＰ会員の社長さんも、採用で頭を悩ませ続けていました。企画、販売、施工とトータル事業を展開してきたものの、近年は施工の人間が定着しません。やめられると次がなかなか見つからず、運よく採用できてもまたすぐにやめてしまいました。

求人募集広告と人材派遣会社にいくら金を支払ったでしょうか。高い授業料を払って、ようやく社長は現実を受け入れました。

そして、施工の部署を閉鎖することを決め、今後は、企画と販売だけで商売をやっていくことを決めたのです。**従業員の採用をあきらめて、商売のモデルから変えた**事例です。

人口減少時代はここまで覚悟しておかないといけないのかもしれません。

38 生き残る社長は、人材の採用ありきの発想を捨てる

小さな会社の 39

生き残る社長は非情になれて、潰れる社長はいつも情に厚い。

会社の経営をしていれば、社長のところにはいろんな要望が寄せられることでしょう。

「うちの子どもを会社で働かせてくれないか」

「お金を貸してもらえないか」

「選挙で応援してもらえないか」

社長には人を助ける力がある、助ける優しさがある、と思われているのでしょう。ついでに、きっと金もある、と。

そして、社長も情に厚いのです。それゆえ、どうにかしてあげられないかと悩みます。

もしあなたが、社長から話を聴く私の立場であったならば「そんなの断ればいいのに」と思うはずです。第三者の立場ならば、すぐに割り切れます。

でも、当事者となると、スパッと切り捨てられなくなってしまいます。断ることに罪悪感のようなものを持ってしまったり、「社長たるもの太っ腹でなければいけない」という変な使命感があったり。

「自分ならば、どうにかしてあげられる」という万能感を、私たちは持ってしまうことがあります。

人助けをして感謝されれば、気持ちがいいでしょう。

でもこの万能感が曲者です。これがもとで躓く社長がかなりいます。潰れる社長になりたくなければ、自分が抱く万能感には、氷水をぶっかけて冷却しましょう。

「自分の物件に身内を住ませる人は伸びない」

私の知り合いに、不動産大家業の鉄人がいます。ロングライフな社長であり、自身の方法論や経験を惜しげなく他の人にもプレゼントしている先生でもあります。

曰く、賃貸用の戸建てやアパートをある程度所有できるようになると、一部の人はすぐに自分の物件に身内を住ませようとするそうです。

自分の物件ならば、家賃を安く貸してあげることができます。その背後には、いいところを身内に見せたいという下心もあるかもしれません。

でも、こういう人はダメだそうです。伸びないし、避けられたはずのトラブルを招く傾向もあるそうです。

私なりの解釈では**「自分の商売は聖域にしなければいけない」**ということになります。

そして問いたいのです。

「あなたに助けを求めてきた人に情をかけることは、あなたの商売の聖域を汚すことになりませんか」と。

多くのケースでは、やめておくべきという結論になることでしょう。

そもそも情をかけることは、無駄なケースが大半です。

過去に借金整理の仕事を山ほどやった体験から、助けを求めてくる人は、まったく反省していないという事実を学びました。ただ苦しいことから、逃げたいだけなのです。

借金で首が回らなくなった人は、最後に友人や知人に金を借りに行きます。そこで貸したお金はどうなるかといえば、消費者金融などの他の借金の返済に回されるだけです。お金を貸してあげたところで本人は悔い改めません。貸した金だって返ってきません。

真に生活を立て直すためには、すでにある借金を整理しないといけません。それ以前に本人の考え方や生活習慣から正さないといけないわけです。

でも本人には、まったくそんな頭はありません。とにかく今の苦しさから逃げたい一心で、手当たり次第に何でもやろうとします。

私も、祖父と祖父の会社の金を使い込んだ母親から「明日までに500万円貸してほしい」と頼まれたことがありました。

そのときすでに「情をかけるのは無駄」という法則は知っていたので、拒否しました。もし渡していたら、金は戻ってこなかったし、自分に損をさせた母親を恨まなければいけなくなったことでしょう。

39　生き残る社長は、情をかけない

息の長い社長は、優しい人と思われることよりも、他人からは「厳しい人だ」と思われるほうがメリットは大きいと気づいています。**情より、義**なのです。

とはいえ、ロングライフの社長も、過去に一度や二度は、情をかけて馬鹿を見た経験があるものです。世の中を学ぶために、必ず通らないといけない道なのかもしれません。

小さな会社の

40 生き残る社長は株式を独り占めし、潰れる社長はみんなに持たせようとする。

中小企業の株式は厄介者です。

建前では、資産価値があるとされています。小さな会社の株式でも贈与したり、相続すれば課税の対象となります。

しかし、所有者が換金したくなったとしても、それは極めて困難です。中小企業の株式を自由に売買できる市場はありません。また、自社の株式の価値を知るためには、いちいち税理士等に金を払って評価をしてもらわなければいけません。

「これで資産と言えるのか」と思わずにはいられません。

それでも会社を経営するために、持たざるを得ないのが株式です。

こんな自社の株式は、基本、一人で管理しなければいけません。他人に持たせれば、それだけ話をややこしくしてしまい、余計なリスクが増します。

税金を引き下げるために、株式を複数の人間に持たせることは、節税テクニックの基本的なところでしょう。ときに、こういう手を使うのも仕方ないと感じるケースもあります。しかし「基本を外したことをしてしまっている」という認識は持っておかなければいけません。**あくまで小さな会社の株式は、社長一人で持つものです。**

仲間たちと起業することになり、みんなで出資して、株式を持ち合うケースはよくあります。そして数年後、うまく経営は回らず「自分は抜けるから株式を買いとってくれ」となることもよくあります。もはやここまでが、1セットという感じでしょうか。

最初はモチベーションが高く、夢もあります。でもそんなものは、時の流れとともに風化し、形骸化した株式だけが残るわけです。

出資と貸付の違いすらわかっていない人がいることが、話をややこしくします。最初に100万円出資したからと、何年もたった後でも、株式は100万円だと思っていたりします。株式の売買を行うとして、価格の基準はそのときの時価です。

他の株主から株式の買いとりを求められても、買いとる義務はありません。

「経営への参画意識をつくるため、株式を社員に持たせる」

前向きで真摯な社長が考えそうな手口です。しかし、実施したところでまず機能しません。理想先行でおわるパターンです。

所詮こんなものは経営者の夢の類であって、**従業員は会社経営なんて興味がありません。**株式が分散することにより手間とリスクが増えるだけです。将来、会社を上場させるつもりでもなければ、まったくおすすめしません。

従業員にも株式を持たせたい思想の根底には「会社をみんなのものにしたい」との考えがあるのでしょう。でもはっきりいっておきます。**小さな会社においては、会社は社長のものです。**「社長＝会社のオーナー」です。

なお、従業員に「会社はスタッフみんなのもの」という幻想を抱かせて、頑張ってもらうことを否定するわけではありません。むしろ肯定です。これで業績が良くなれば、みんながハッピーになれます。

しかし、この演出のために株式を渡す必要まではありません。

社長がいい年になり、社内にめぼしい後継者もいないので、M&Aで会社を売却しようとした会社がありました。

買い手としてちょうどよい相手が見つかり、とんとん拍子で話が進みました。

ところが、売りたい会社の株主には、社長の親族ではない別の株主が存在していました。その株主に「事業承継のため、○○社に会社を引き継いでもらうことにしたから、一緒に株式を売却してほしい」と社長が依頼しに行ったところ「嫌です！　私たちの家族は、あなたたちへの恨みは絶対に忘れません」と思いっきり拒絶。

結局、M&Aの買い手が「株式を100%手に入れられないならば会社を買わない」との方針だったため、この話はおわってしまいました。

私の感覚では、仲介会社の話の進め方に疑問が残りました。M&Aの交渉を進める前に、株主間の問題解決を図るべきではなかったか、と。

いずれにせよ、株式が分散していたから起きてしまった結末です。

正直、皆さんは株式なんてどうでもいいと思っていませんか。しかし、甘く見ていると、足をすくってくるのが自社の株式だったりします。

40 生き残る社長は自分ひとりで株を持つ

小さな会社の

41

生き残る社長は銀行と一定の距離を保ち、潰れる社長はズブズブな関係になる。

35年にわたる社長人生に終止符を打つことにしたT社長は、M&Aの相談を私にしてくださいました。

M&Aについては昨今、業者の営業攻勢がヒートアップ、銀行も追随しています。融資で稼げなくなったため、M&Aで手数料を稼ぎたいと考えるようになっているのでしょう。

「銀行の前でストリップ踊ってどうするんだ?」と、銀行のM&A業務への参入を話題にしていたところで、T社長が発言しました。まさに名言。

銀行に洗いざらい情報を明かすことに、T社長は危うさを感じていたわけです。

銀行との付き合い方や距離感は、社長によって差があります。銀行に尻尾をブンブン振る人がいれば、この社長のように冷めた目で一定の距離をおく人もいます。

私としては、**あまり近づき過ぎるのはよくない**と思っています。

銀行は様々な商品を買わせようとします。融資だけでなく、住宅ローンや投資信託、相続関連の商品等。危機感がないと、いつの間にか、がんじがらめにされてしまうかもしれません。

自由は奪われたくありません。常に警戒は解けません。**経営というものは、利害関係者からいかに自由を確保できるかが一大テーマです。いざというときになれば、銀行とは敵対する関係になる**ということまで想定しておいていただきたいところです。

ひょんなことから、関わることになったS社長がいました。この人はひどかった。仕入先への支払いが4か月分溜まっていました。会社の底地を貸してくれている地主には、もう1年近く地代の支払いを待ってもらっています。

従業員の給料についても2か月分遅配しています。「これでよく会社をやめないで働いてくれるものだ」と変な感心をしてしまいました。

もうおしまいかと思いきや、まだありました。

S社長は友人に「俺を信じて貸してくれ」と頭を下げ、1000万円を借りたそうです。きっと友人が老後資金のために大切に貯めておいたお金でしょう。

奥さんには、本当のことを言っていません。

奥さんが何かあったときのためにと、貯めていた3000万円を「大丈夫だから」と言って出してもらいました。そのお金は会社の運転資金として、すでに溶かしてしまっています。

また、自宅を勝手に銀行の担保に提供しました。自宅の購入資金の半分は、奥さんの実家からの支援だったので、実質的には、権利の半分は奥さんのものですが……。


さて、近い将来何が起きるでしょうか。

会社はすでに瀕死ですし、社長個人の資産もまったく残っていません。金を払えないことは確実です。S社長は、取引先も地主も、従業員も、友人も裏切ることになります。奥さんにいたっては、金を失っただけでなく、自宅まで奪われることになるでしょう。

関係者から恨まれて、刺されても不思議じゃない、というレベルの話です。S社長の居場所は、世の中からなくなることでしょう。再起のチャンスはもらえません。

ちなみにあなたは「S社長はひどい悪人だ」と感じたかもしれません。でも実際は、優柔不断だけど、やさしくて、人はいいのです。案外こういうものですね。

S社長は、こんな手当たり次第の金策をしていたくせに、銀行にだけは、毎月キッチリ耳をそろえて返済していたというから驚きです。

銀行への支払いを優先し、そのために他の支払いを後回しにしたり、知人から金をかき集めていたのです。

では、そこまでして尽くした銀行の対応は、どうだったか。

「経営立て直しのための金を貸してくれ」とS社長が頭を下げても「できません」とあっさり拒否。さらに社長の話から危機を察知して、すぐに会社と社長個人の口座を凍結しました。かつて半ば強引に組まされた定期預金も、もう動かせません。

最後の最後まで、とにかく銀行との関係性を優先させようとしたS社長の姿勢は、間違っていたと私は考えます。**自分に近い相手こそ優先すべきでしょう。**

41 生き残る社長は、自分に近い人から大切にする

小さな会社の

42

生き残る社長は配偶者の機嫌を気にし、潰れる社長は関係が壊れてから焦る。

関係性といえば、配偶者との関係を外すわけにはいきません。人生に大きな影響をあたえますし、それは仕事にも関係してくるところです。

配偶者について考えるとき、まっ先に「同じ会社で一緒に働いたほうがいいのか」という問いが思い浮かびます。

小さな会社では、社長とその配偶者が一緒に働いているケースは今でも多いものです。一緒に働く一番のメリットは、**理解し合い、助け合える関係性を持つ相手が会社の中にいてくれる**ことです。普通の従業員と社長との関係性はどこまで行っても他人です。一方の配偶者は一蓮托生の間柄。会社が傾けば二人の生活までどん底に落とされるわけですから、やっぱり真剣みが違います。

「正直、従業員だとどこまで信用していいものかわからない」

「自分が会社を留守にしているときも、妻は何気ない素振りをしながらよく社内の様子を観察して、報告してくれる」

奥さんに社内で経理をしてもらっているある社長は、このように評価していました。

一方で「家でも一緒にいるのに、とてもじゃないが、会社に来てまで一緒にいたくない」という意見もあります（私もこっちタイプです）。

そもそも自由にやりたいから、勤め人じゃなくて事業主をやっているという人もいらっしゃることでしょう。人に管理されることがトコトン苦手な人もいます。

なのに、自分の会社の中に監視役がいたら「何のために？」となりそうです。配偶者にすべての領収書をチェックされて、ブーブー言われてはたまりません。

一緒に働くことでストレスを溜めてしまうくらいならば、仕事は別にしておいたほうが無難でしょう。

ただ、あくまで私の肌感覚ですが、ロングライフという視点では、配偶者が一緒に働いている社長のほうが勝率は高い気がしています。

夫婦が一緒に働くことで安定感が生まれるためでしょうか。配偶者と一緒に働ける社長には、そもそも忍耐力があるから、仕事も持続するのかもしれません。

とはいえ、夫婦で一緒に働く場合は「家庭臭」に注意をしたほうがいいでしょう。ただでさえ小さな組織の中に家族がいるのです。この二人が、プライベートの空気を会社に無自覚に持ち込んだら、自分たちが想像する以上に、会社の空気は夫婦関係で淀みます。私にも経験がありますが、ケンカをしている社長夫婦が会社に出勤したときなんて、従業員はやりづらくて仕方ないものです。

職場にこうした私的な臭いが混じることを嫌う人は、少なくないと思います。

配偶者が一緒に働いていても、いなくても、夫婦の関係性は大切です。

何より良好な関係性を保てるよう努力する対象なのかもしれません。

元気だった社長が、奥様に先立たれたとたんに無気力となり、仕事どころじゃなくなってしまった例はちまたにあふれています。それくらい配偶者の存在が大きいのです。

配偶者との関係性が厄介なのは、関係が悪いと0点になるわけではないところです。状態が悪い夫婦関係はマイナスです。社長の仕事や人生のパフォーマンスを下げます。

こう思うと、本来、配偶者選びは怖いことです。

でも結婚当時は、そんなことまで考えません。勢いだけで、つい……。

42 生き残る社長は、配偶者の機嫌に敏感になる

引退の相談を受けて、社長に「やめた後に何をするのか?」と質問することがよくあります。スパッと引退して、次のステップに進みやすくなるためです。

「引退したら妻とたくさん旅行に行きたい」は、男性の社長から聞くことが多い回答です。

ある社長も、奥さんとの海外旅行への夢を語りました。

すると、奥さんが、私と二人になったときに不満を口にしました。

「家のことなんてこれまで見向きもしなかったくせに、引退したとたんに海外旅行だなんて、冗談じゃありません。ずっと一緒にいたら息が詰まるわ」

(あちゃー……)

こうならないように、日ごろから配偶者のご機嫌とりも習慣にしておきましょう。

第5章

おわりを創造する

小さな会社の

43

生き残る社長はおわりを創造し、潰れる社長は成り行きにまかせる。

最終章は「おわり」をテーマとします。

人間には生と死があり、これで人生が完結します。社長業だって、永遠に続けることはできず、おわりを迎えてようやく完結となります。

あなたが上手に会社を操縦していたとしても、社長をやめるまで結果がどうなるかはわかりません。よきおわりが迎えられなければ、そこまでに積み上げた価値は失われます。

おわりは、自分で創造するものです。おわりをよきものとするための秘訣です。

「どのような社長のおわりを迎えるか？」

社長はこの問いに対して、相当な裁量を与えられています。

ここで姿勢が問われます。**おわりと向き合い、おわりをよきものとするために行動するか。ただ成り行きにまかせてしまうか。**

自分でおわりを創らなかった男の話をしましょう。

私の祖父の家業の事件については前にも触れました。今回は、祖父を中心に事件を見てみます。

戦争に行ったという私の祖父は、いくつか新しい事業に挑戦し、食品製造を手がけたときに一発当てました。広い敷地に工場を建て、大きな自宅を併設していました。

最もお金があったときには10億円以上あって、金庫の中に札束の山があったと聞いたことがあります。

私がものごころついたころには、祖父は成功した経営者として周囲からペコペコされていました。毎日のように、取引先や銀行、証券会社の担当者がご機嫌とりにやって来る様子が印象に残っています。

そんな祖父も年をとりました。年齢は、80歳を超えました。

このころになると、会社のことを、長女であった私の母にまかせていました。信頼と言えば耳障りがいいのですが、ほったらかしという言葉のほうが適切だった感じがします。

形式上は祖父はまだ社長です。しかし、代表印などは母が管理し、意思決定も母がしていました。

当時の祖父は、工場の横にある自宅で暮らしながら、一日に何度か会社に顔を出すという毎日でした。悠々自適を体現しているように見えました。おそらく本人も、このまま平穏に一生をおえていくと思っていたことでしょう。


しかし事件は起きました。母らがヤクザの罠に引っかかり、祖父と会社の金と不動産はすべて巻き上げられてしまいました。

祖父が事件を知ったときには、もう何もかもなくなっていて、なすすべない状態でした。人生の最終フェーズで、自分が知らないところで起きた事件に巻き込まれ、崖から突き落とされたのです。

事件が発覚してからは、危害が及ばぬよう、祖父の身は田舎に移されました。

財産はなくなり、あれだけいた周囲の人間はいなくなりました。

寂しく余生を過ごし、そのまま最期を迎えました。

隠居生活では、祖父は酒を飲みながら、先にあの世に行った祖母のことを思い出しては「早く死ねてうらやましい」「長生きしてもいいことない」と弱音を吐いていたそうです。

無口で、我慢強さの鬼のような人だったので、この話を聞いたときは衝撃を受けました。

この事件の根底には、様々な要因が絡み合っていたと思います。子や後継者との関係性や教育の問題、資産の管理や残し方、会社のコンプライアンス……等々。

その中で、事件の最も大きな原因となったのは「事業承継を中途半端なものにしていたこと」だと私は考えています。

祖父が自分の出処進退を明確にし、次世代に権限だけでなく責任まで押し付けていたら起きなかった事件でしょう。自分でケジメをつけ、退職金をもらってしっかり身を引けば、こんな終焉は迎えないで済んだはずです。

しかし、残念ながら祖父には「おわりを創造する」という発想がありませんでした。

おわりの場面で失敗すれば、もうやり直しはできません。

43 生き残る社長は、自分で、自分のおわりを創造する

小さな会社の

44

生き残る社長は廃業での着地を基準とし、潰れる社長は強制退場を命じられる。

廃業が、悪者扱いされています。目の敵にされています。

今や国家をあげてM&Aが推進されていますが、裏側には、廃業する会社が増えていることへの問題意識があります。社内に後継者のいない会社が増えたため、廃業ではなく、第三者へのM&Aを選ばせたいという思惑なのでしょう。

しかし、誰が何と言おうが、廃業が基本です。

私は**会社を着地させる**というイメージを持っています。会社は飛行機で、社長はパイロットです。社長はいつか、飛行機をどこかに着地させなければいけません。

ひとつの着地パターンとして、他者への承継という着地があります。社長が、誰かに経営を引き継いで会社から離れます。この社長を交代する相手が、子どもや従業員などの社内の人間ならば社内承継となります。外部の人間に会社を買わせるならばM&Aです。こここでは社内承継とM&Aを含めて「事業承継」と呼びましょう。

世間一般では、この事業承継が望ましいとされています。さらに、基本である、と。

本当にそうでしょうか。私には現場を知らない理想論と感じられます。

たしかに継がれることで会社が存続し続ければハッピーでしょう。

しかし現実として、継ぎ手がいない会社はたくさんあります。売ろうとしても、買い手が見つからない会社もたくさんあります。

それでも事業承継が基本であって、廃業は許されない選択肢なのでしょうか。

事業承継は、その仕事を他者でも引き継げるという前提が必要となります。そうでなければ、会社を引き継いだものの、仕事が回せずに頓挫します。

ところが、仕事というものは、思ったより属人的な性質のものです。

さらに成熟社会となれば、より個性的な事業が求められます。小さな会社では特にそうでしょう。誰でもできるような作業ではなく、その人だからできる仕事をしている会社が生き残れます。仕事はよりアートの感覚に近くなっているのです。

小さな会社の事業や仕事は、本来、事業承継になじまない性質のものだったりします。

事業承継という着地をかなえるには、当然、相手が必要となります。いくら社長が願ったところで、相手がいなければ実現できません。

それなのに廃業という選択肢が封じられてしまえば、どこにも着地できない会社が大量に生まれてしまいます。

実際のところ、小さな会社の世界では経営者の高齢化が進み、こんな前にも後にも進めない会社が溢れています。本当の社会問題は、廃業数の増加ではなく、決着をつけられない会社が溢れかえっていることのような気がしてなりません。

いつまでも着地しなければ、会社はどうなってしまうのでしょうか。

いつか、強制的に退場させられることになります。

飛行機の着地でたとえたら、墜落です。

強制的な退場には2パターンあり、会社が倒産するか、社長の命が尽きるかです。要は、会社を誰かに継がせるか、自分でたたむかしない限り、いつか会社か社長のいずれかが死を迎えることになるのです。

強制退場の現場には、大混乱と痛みが伴います。

会社の倒産現場を垣間見たことがある方はきっと多いことでしょう。もちろん、その渦中にいる社長は苦しい思いをさせられます。

社長の死亡というおわりもまた混乱を回避することはできません。当の本人は亡くなっていますが、代わりに、残された者たちが苦労を背負わされることになります。

やはり、**強制終了は避けていただきたい**のです。

事業承継か廃業の選択肢しかなく、前者は相手がいる場合のみ可能という条件付き。

私が**廃業を、会社の着地の基本**として推す意図は伝わったでしょうか。

廃業では自分でおわりを創るので、強制終了と違って状況のコントロールができます。

いつでも、単独で、確実に実行できます。

最も頼りになるリセット方法と言えます。

会社の着地については「最低でも廃業しておわらせる」という認識を持ってください。

44 生き残る社長は、最低でも廃業というリセットボタンを押しておえる

小さな会社の

45

生き残る社長は会社をとじた結果を見て、潰れる社長は会社を売りたい金額を見る。

会社の着地においては、廃業が基本になるというのが前項の話でした。この考え方と切っても切れないのが『清算価値』というツールです。

会社にはいろんな価値計算の方法があります。その中で**清算価値は「会社をたたんだ場合に残る価値」を算出したもの**です。

清算価値を算出するためには、実際に会社をたたむ場面をシミュレーションしてみればいいでしょう。

まず資産をすべて売却して換金します。このとき全体として資産は縮小する傾向にあります。帳簿には換金できないものまで、資産として計上されていることが多いためです。

一方の負債です。こちらは通常減りません。むしろ増えます。会社をたたんだときに発生する負債があるためです。スタッフの退職金や、店舗などの撤去費用などがそれに当たります。

こうして再計算された資産から、再計算された負債を引いて残った数字が清算価値です。

実際に計算してみると、清算価値はかなり厳しい数字になることでしょう。でも、これがリアルです。あなたが今現在、実際に手にしている価値なのです。

清算価値を認識しておくことに大きな意味があります。

かつて「あなたの会社は3億円で売れる」とM&A業者に言われた社長がいました。その後、社長はM&Aでの売却を試みたものの、いつまでも売れません。3億という数字が頭にこびりついて、それ以下の金額でのオファーを受け入れられなかったためです。結局、売る時期を逃してしまい、最後は倒産しました。

M&A業者は、社長に会社を売らせたく、また自分のところに依頼させたいため、景気のいい話をしがちです。社長はそれを真に受けてしまいました。

M&Aができなければ、いずれ廃業するしかありません。清算価値と比べて、M&Aの売却価格のほうが上だとしたら、売ったほうが得だという判断ができます。

撤退の判断を誤らないためにも、清算価値が有効です。

決算書の数字を見ているとまだ余裕がありそうに見えるときでも、清算価値を導き出したら、おしりに火がつくケースはよくあります。

「せめて、最後は借金が残らないようにしたい」

会社の決着に対して、社長から頻繁に聞かれる希望です。廃業したときに借金が残るか否かを教えてくれるのも清算価値なので、この数値を観察したいところです。

清算価値を注視し、これ以上進んだらマイナスになるという手前で、リセットボタンを押してください。

私の顧問先のある会社では、私の提案で清算価値を計算してみることになりました。

するとその過程で、所有していたビルのひとつが、簿価より相当値下がりしていることが判明しました。さらにその不動産の築年数は相当古く、売却する際は、建物を解体して更地にしなければいけない可能性も懸念されました。

そこで、業者から解体費用の見積りもとってみたら、これが高い。アスベストの関係などもあって、予想していた3倍くらいの費用が必要なことがわかりました。

土地の価値より、解体費のほうがずっと高いのです。

不動産という資産の顔をしていますが、このビルの正体は負債でした。

顧問先の会社は目を覚まさせられました。

「こちらで建物を解体しないで済むように、一刻も早く売ろう」と。

社長は当初、創業地のビルだから大切だと言っていましたが、こうなればなりふり構っていられません。

積極的に行動したことで、解体することなく、建物ごと不動産を売却することができました。トランプゲームのババ抜きでたとえれば、ババを手元に残さないで済んだのです。

清算価値を見たから問題に気づけたケースです。


清算価値で、会社の現実の価値を把握することができます。

そして、清算価値を向上させようとするスタンスが、経営的な判断を正しいものにしてくれます。清算価値はロングライフを実現するツールなのです。

45 生き残る社長は、清算価値を会社の計器とする

小さな会社の46

生き残る社長は事業承継を取引と捉え、潰れる社長は血縁で継がせようとする。

父親である社長を会社から追い出した息子がいました。

社長と息子は同じ会社にいたものの、元から折り合いはよくありませんでした。社長の年齢が70歳手前に差し掛かった頃から、仕事のミスが多くなり、お客さんや社員との約束を忘れたり、発言や指示が二転三転したりするようにもなりました。息子をはじめとする従業員は、そんな社長にいらだち、邪険に扱うようになりました。

社長は口では「俺は状況が整ったらすぐにでも引退する」と言うものの行動に移しません。話を詰めると、いつものらりくらりとかわされます。

堪忍袋の緒が切れた息子は、あるとき、全従業員とともに社長を囲み「早く社長をやめろ」と糾弾しました。それに対して社長も、売り言葉に買い言葉で「だったら今すぐやめてやる」と退任を約束してしまいました。

こうして社長の交代が実現しました。登記も変えました。

ただ、これで問題が解決したわけではなかったのです。

「退職金を出せ」

「俺が持っている株式を買いとれ」

追い出された前社長は、後継者や顧問税理士、他の役員にまで、手あたり次第執拗な要求をはじめました。

さらに、前社長は夜な夜な飲み屋をはしごしながら、後継者と会社の悪口を言いまくります。相当恨んでいたのでしょう。小さな町なので、噂はどんどん広がりました。

ほとほと困った後継者である新社長から、私は相談を持ちかけられました。

話を聞くに「あきらめの悪い負け犬のおやじがギャンギャンわめいている」くらいに、彼は父親の行動を捉えている印象でした。

しかし、私は「M&A的な取引の世界を考えれば、前社長は決して的外れなことを言っているわけではない」という意見を伝えました。

退職金も株式も本来、社長の交代のときにまとめて決着をつけるべき論点でした。全株式が前社長の手元にある以上、彼はいつでも社長に戻ることができます。

また、会社の業績はよかったので、株式には価値がありました。

「自分で啖呵を切って前社長をやめさせた経緯もあるのですから、株式を買いとることが筋かもしれませんね」

私は少々、焚きつけるような言い方をしました。後継者は鼻っ柱の強い男だったので、売られたケンカから逃げませんでした。

「あいつのお望みどおり、株式を買いとってやりますよ!」

買いとるための資金を銀行から借り入れ、顧問弁護士に株式売買の契約書をつくってもらい、本件は終結となりました。

この後、新社長はさらに業績を上げ、株式買収のために投じた費用を余裕で回収できるレベルに至りました。馬力のあった人が肚をくるとすごい成果を出すものです。

親から子への、ある意味で「異常な」事業承継でした。

後継者が子どもならば、通常、会社の株式は相続や、生前贈与で譲られます。無償です。このケースのように後継者が、金を出して株式を買いとるケースはめったにありません。

しかし、この件に関わったことで「これが本来あるべきかたちかもしれない」と、私は感じるようになりました。

たとえ**親子での事業承継であっても、M&A的であっていい**と思うのです。社長の子どもといえど、会社を継ぐも継がぬも自由です。「望んでいないのに継がされた」などと不貞腐れたことを言う後継者がたまにいますが、だったら継がなければいいだけです。

逆に、**本当に継ぎたいならば自腹を切ってでも買うべき**です。身銭を切るからこそ、本気になれます。また、金を出すから、先代から会社を継がせてもらえる価値をちゃんと理解できるのではないでしょうか。

親の立場からしても、会社の着地の選択肢は子どもだけではありません。外に売ることもできれば、自分の手で会社をとじる選択肢だってあるわけです。「わが子だから」と当然に会社をあげるのではなく、縁談がまとまったときにだけ子どもに会社を譲ればいいのです。

親子の事業承継は、M&Aの感覚をとり入れたほうがうまくいきます。

46 生き残る社長は、「M&Aだったら？」で、子への承継も考える

小さな会社の

47 生き残る社長は仕事に気が入らなくなったらそのままにせず、潰れる社長は惰性で続ける。

「もう潮時じゃないですか。あきらめるときが来ているように見えます」

私はある社長に、こんな言葉を伝えたことがあります。

会社の売上は、ピーク時の半分まで落ち込み、資金ぐりは苦しくなっています。後継者になるはずだった息子は、社長にガミガミ言われ続けることに嫌気がさし、数年前に会社を飛び出してやめてしまいました。

そして何より社長は高齢になり、見るからに健康状態がよくありません。呼吸が浅く、肌の色はくすんで見えます。ずっと落ち着かない態度で、何かに急かされているかのようです。

私と話をしている間には何度も携帯電話に着信があり、その都度電話に出ていました。

「納期が過ぎて！？　あぁ申し訳ない。すぐに手配します」

社長のミスによるクレームの電話も何件かあったようです。

「会社なんてやめられるわけないだろ！」

私が廃業を推奨したことに対して、怒気をはらんだ答えが返ってきました。

ならば、私は何も言うことはありません。私は静かに席を立って帰りました。

会社をやめられないというのは、社長の思い込みでしかありません。やめる気になれば、必ずやめられます。

やめるに際して、何かしらの痛みや苦しみがあることは避けられません。しかし、それもやむを得ない話です。目の前まで限界が来ているのですから。近い将来、会社か、社長が潰れます。

現実に目を開いて、決断をしてほしかったところです。自分の命を犠牲にしてまで会社を続けるべきだとは、私には思えませんでした。

なお、会社を訪問した1か月後に、経理担当の方から「社長が倒れて入院した」という報告とともに、会社を助けてもらえないかという打診がありました。私は、仕事を引き受けるか否かは一発勝負と決めているため、お断りさせていただきました。

もっとマシな結末があったと思わずにはいられない案件でしたが、会社経営と社長の人生について考えるきっかけになりました。

限界が来たら無理にあがかないということが、あたり前過ぎる結論になるのでしょう。**無駄あがきは余計に結果を悪くしてしまいます。**

限界に達していなくとも、**経営に気持ちが入らなくなったならば、それはもう社長のやめどきなのかもしれません。**

「仕事をやる気がなくなったんだよね」という声は社長からよく聞かれます。これ、そのまま続けるのはマズいです。

いったん立ち止まってください。休むなり、人生の棚卸をするなどして、再び闘志がよみがえれば社長をやめる必要なんてもちろんありません。

一方で、立ち止まることもせず、惰性で続けてしまう方は多いところです。こういうとき不思議と問題が起きます。とんでもない事件が起きたケースも幾度かありました。

ある会社でも、社長が「全然やる気はないけど、仕方ないからダラダラやるよ」なんて言っていました。すると社内で大きな労災事故が起きてしまい、社長は責任追及の矢面に立たされました。自分が身を入れないまま仕事をして、従業員の命にかかわる大けがを負わせてしまったことを、何よりも悔いていました。

自分の過去を振り返っても、仕事のトラブルは、気持ちが入っていない案件でばかり起きたように感じています。

気持ちの入っていない案件に限って、私がミスをする場合もあれば、私は悪くないものの、他の人が犯したミスでこちらが苦しい思いをさせられました。

あたかも運命の神様は、私たちの姿勢をいつも監視していて、気が抜けた仕事をしようものなら、戒めのために罰を与えてくるような感覚を持っています。

会社経営をしていたら、悪いこと、つらいことは必ず起きます。自分が直接的なミスを犯していない場合ですら、責任を負わなければいけなくなることがあります。

こんなときに、「やめておけばよかった」「やらなきゃよかった」となりたくはありません。

そうならないためにも、気が入っていないまま仕事を続けることは避けたいところです。

47 生き残る社長は、仕事に気持ちが入っているかを常にチェックする

小さな会社の

48

生き残る社長は自分の相続まで準備し、潰れる社長は相続人に丸投げする。

この項では、在任中の社長が亡くなったときに起きる「相続」をとり上げます。少なくともこれだけは押さえておいていてください、というレベルでお話ししましょう。

「会社の着地は自分で創ったほうがいい」という話をすでにさせていただきました。それでも、在任中の社長が亡くなってしまうケースをすべて回避することはできません。

社長の死去に関して、最も話題になるのは税金でしょう。

資産をたくさん持っている社長もいます。その人が亡くなれば、資産は相続財産となり、相続税が課税されます。たくさんの資産を持つほど税金は高くなるので、「何とか税金を減らしたい」と節税策を探します。

なお、税金を減らす節税と、納税のための資金対策は、性質が異なります。たとえば、税金を減らそうと極限まで節税対策を実施したところ、いざ納税をするときに「納税するためのお金がまったくない」なんてことが起き得ます。

ここまでの話は、社長でも、一般人でも同様です。

社長ならではの話としては、ほぼ**相続財産の中に自社の株式が入る**ことです。会社の株式も資産として扱われて、課税対象となります。業績や財務内容がよい会社の場合は、株式の評価額が相当高くなってしまっている場合もあります。

ここでは、財産に応じて相続税がかかり、その財産の中に自社株式も含まれる点をご認識いただければ十分とします。

ご自身の年齢などを考慮して「そろそろ相続まで視野に入れないといけない」と感じたら、まず税理士に相続税の試算を依頼してみてください。もし今の資産内容で相続が起きたら、どれくらいの税金が発生するか仮計算してもらうのです。

その結果、税理士より節税策を提案される場合もあるかもしれません。一般的に節税は、早く始めたほうが効果的ですので、動き出しも早めがおすすめです。

税金とならび、遺産分割トラブルも相続のもうひとつの大きなテーマです。

何の事前準備もしないまま相続が起きれば、相続人たちが遺産の分け方について協議をしなければいけません。これが思ったより揉めます。紛争とまではいかなかったとしても、ギスギスしたり、遺恨を残してしまうことくらいは、ざらに起きます。

社長の相続の場合は、**自社株式もトラブルの原因になりやすい**ところです。

たとえば、純粋な法定相続分で分けると、後継者は株式しか相続できず、預金や自宅といった換金性のある資産はすべて他の相続人のものになってしまうことがあります。

会社の後継者としては不公平に感じる分割内容になってしまうし、これでは「相続税を納めるためのお金をどうするのか」という問題が残ってしまいます。

トラブルを回避するためにも、社長は生前に公正証書遺言などで、遺産分割の内容を決めてしまうことを強くおすすめします。ご自身の財産なんだから、どう処分するのかも自由です。「遺産はこうやって分けなさい」と指定する権限だってあなたにはあります。

相続は、故人からのプレゼントです。権利意識ばかり肥大化させている人が増えていますが、相続人には、まずこの本質を確認させたいところですね。

この項の最後に、マイナスの相続という怖いお話も。

相続人は故人をまるごと引き継ぐことになるため、ときに良からぬものまで継がせてしまうことがあります。代表例は借金です。そして**中小企業の社長の相続であれば、会社の借金の「保証」も忘れてはいけません。**

かつて、小さな印刷工場をやっていた父が急死し、母が会社を継いだ件がありました。母が社長になってから業績は急落し、最後は倒産という結末を迎えました。

そのとき、会社に金を貸していた銀行から、社長の子である娘たちに対しても「借金を払え」という内容証明が送られてきたのです。

娘たちは会社には一切関与していなかったのに、なぜか。

それは、父が死亡したときに、父の相続人になってしまっていたからです。死亡当時、父は銀行の借金の連帯保証人でした。その義務を娘たちは相続していたのです。

娘たちに、会社の多額の借金を代わりに支払うほどの資産なんてありません。結局、自己破産をすることになってしまいました。

この悲劇を避けるためには、家庭裁判所で相続放棄をしておくべきでした。

48 生き残る社長は、自分に死が訪れたときの準備もしておく

49

小さな会社の
生き残る社長は会社を分ける発想があり、
潰れる社長は常に会社はひとつと考える。

少々マニアックですが、会社を分ける「分社」についてお話ししましょう。

これは便利です。ひとつだった会社を複数に分けるだけの話ですが、使いようによってはとても効果的な仕事をしてくれます。


「卵はひとつの籠に盛るな」は投資の世界の格言です。ひとつの対象だけに集中していたとき、その対象が潰れたら……という教訓です。

この格言は、会社経営にも通用する場合があります。

たとえば、事業を1社だけでやっていたところで、その会社が行政指導を受けて業務停止になったとします。すると全滅です。悪い影響は、会社全体に及んでしまいます。

しかし、あらかじめ会社を複数に分けていれば、ひとつの会社に起きた問題が、他に波及することを避けられます。**リスク回避のために、分社が使えます。**

また、従業員の待遇や働き方に差をつけたいものの、同一会社の中でそれを実施することが難しい場合があります。こんなときも、別々の会社に分けることでスッキリ解決できたことがありました。

おわりを創造するための突破口を、分社手法が拓いてくれたこともあります。

M＆Aで会社を売りたいと希望したある社長がいました。

その会社には、まったく毛色の違う2つの事業がありました。こうなると、たとえ業績がよくても売ることは困難です。両方の事業を欲しがる買い手はまずいないためです。「どちらか一方の事業だけなら買いたいけど、両方は無理」となってしまいます。

このときも、**分社で事業ごとに別々の会社に分けました。**

2社をそれぞれ別の買い手に買ってもらい、無事ゴールを迎えることができました。

「M＆Aで会社を売却したいが、会社の持っている収益不動産は手元に残しておきたい」という社長も過去にいました。

この要望を実現するためにすぐに思いつく方法としては、社長が会社から不動産を買いとってから、会社を他社に売却する案があります。

しかし、分社手法でもっといいプランがつくれました。

分社手法の中の会社分割を使い、**収益不動産と本業を別々の会社に分けました。**そして、本業を担う会社だけを売却し、収益不動産の会社の株式は社長の手元に残します。これでトータルでかかるコストを大幅に節約することができました。

この企画では、会社を通じて不動産を保持することになるので、もし社長に相続が起きても、不動産登記の名義を変更する必要がないという利点もあります。

社長の子どもが事業承継を決めかねているときに、**分社手法を使って選択肢を増やした**ケースもあります。

後継者候補である社長の子は、社内でＥＣ事業を立ち上げて、軌道に乗せました。愛着があり、勝手知ったるこの事業について、子はやめるつもりはありません。

しかし、旧来の事業を継ぐか否かについては揺れています。あまり詳しくなく、また斜陽産業だという点も気が重たいところです。借金もそれなりの額が残っていました。

このケースでは、とりあえずＥＣ事業と旧来の事業を、別の会社に分けておくことにしました。そうすることで「EC事業だけ継ぐ」という選択肢がつくれるからです。

もし分社しておかなければ、「旧来の事業も含めて全部継ぐ」か、「EC事業を含めた全部をあきらめる」という選択肢しか残らなくなる可能性がありました。

同じく事業承継がらみでは、会社の一部を分社して子会社を作り、その子会社の経営を後継者候補の右腕にやらせたことがありました。

「後継者の経営者教育のために一番効果的な方法は何か？」を考えたところ、それは「実際に自分で経営してみること」という結論になったためです。

実務的な話としては、分社をどのように企画するかには難しいものがあります。

しかし、このあたりは専門家の領域です。社長としては、分社というアイデアが出るようにさえしていただければ十分です。

49 生き残る社長は、会社を分けるという発想を持つ

小さな会社の

50

生き残る社長は納得を目的とし、
潰れる社長はしょうもないことにこだわる。

いよいよ最後の項まで来ました。

ここでもう一度、この第5章の最初にお話しした私の祖父の事件を思い出していただけませんか。人生の最後の最後で、事件が起きてすべての資産を失ったという話でした。

私はこの件の鎮静化のために走り回り、恐怖と怒りと不安に耐え忍びながら「会社とは何か」「社長人生とは何か」といろんなことを考えました。

祖父に対しては痛々しい気持ちを感じていました。年齢を考えたら、とても失ったものを挽回することはできません。

社長としての祖父の最後は悲劇であったというのは間違いないところでしょう。努力が報われないものでした。この点については、あなたも同意してくださるはずです。

ここで祖父が報われなかった理由を、一緒に考えていただきたいのです。

あの事件は、最後の最後で築いてきたもののすべてを失ったというセンセーショナルさや、失った財産の大きさというインパクトがありました。すべてまかせていた子どもに裏切られたという展開のドラマ性もありました。

でも、これらは悲劇の本質でしょうか。

どうも私には、悲劇を盛り上げるための飾りでしかないと感じられます。この事件を悲劇たらしめた要因は、もっと別のところにありませんか。

たとえば、仮に、祖父の事件がこんな内容だったらどうでしょうか。

「祖父はあるとき急に思い立ち、すべての財産をどこかの団体に寄付してしまった」

もしこんなストーリーだったとして、これでもあなたは悲劇と感じますか。

きっと、感じないはずです。

しかし不思議ではありませんか。寄付であれ、ヤクザに金を奪われたのであれ、失った金額は同じです。なのに私たちは、寄付では悲劇だと思いません。

なぜ寄付だと悲劇にならないのか。それは本人が自分の意思でやったことだからです。

現実の祖父の社長業のおわりには、自分の意思が伴っていませんでした。

意思がないのに、強制的に終わらされました。気が付けば育てた会社も、築いてきた資産も人間関係もなくなっていました。これでは納得を得られません。

長い時間を費やし、人生のすべてをかけてやってきた自分の仕事のおわりに納得がない。こんなむなしいことってありますか。

皆さん最後に大事になるのは、納得です。

何が本当に大切かわかっていないと、しょうもないことに躓いてしまいます。

M&Aの交渉で、小さなことを譲れなかったために、せっかくの縁談を台無しにしてしまったり。

専門家の手数料をケチりたいがために、もっと大きな利益を失ったり。

見栄やプライドのせいで撤退の機を逃したことが、致命傷になったり。

自分の納得を追求すれば、本当に大切なところを大事にできます。

また、おわりから目を背け、成り行きまかせにする社長もいなくなることでしょう。これほど納得から自分を遠ざけてしまう態度はないのです。

条件や環境は人によって差があります。

50 生き残る社長は、自分の納得をモノサシにする

社内に後継者がいる人もいれば、いない人もいます。退職金をたくさんもらえる方もいれば、会社に全然余力がないケースもあります。会社を誰かに引き継がせることができる人もいれば、自分でたたまざるを得ない人もいます。

それでも納得を得られる可能性だけは誰にでも等しくあります。

高額で会社を他社に売却してもまったく満たされない人がいれば、会社をたたみ、借金が残ってしまったとしても、自分では納得できている人がいるのです。

いつか、あなたが自分の人生を振り返るとき、よい人生だったと思えますか。そこには、自身の仕事のおわりに対する納得の有無が、大きく影響するはずです。

納得して社長の仕事をおえていただきたい。

満たされていただきたい。

私は、心から願います。

おわりに

つい先日、ある経営者のコミュニティサイトで、アンケートを実施させていただきました。小さな会社の社長さんが、今、何を求めているかを把握したかったからです。

24名の方が回答してくださいました。

【質問】
次の「○○な本」のうち、社長が今手にとりたい本はどれですか？

・不安がなくなる本　38％
・やる気が出る本　33％
・儲かる本　21％
・楽ができるようになる本　8％

この結果を見て、どう感じましたか。

おそらく世間一般の認識からすると、かなり意外な結果になったことでしょう。

「社長相手ならば、とにかく『儲かりたい！』を打ち出せばいい」社長に対する世の中の認識は、このようなものだったと感じています。たとえば、アマゾンで「会社　儲かる」とでも検索してみれば、たくさんの儲け方を教える本がヒットします。

ところがこのアンケートでは、「儲かる本」は3位で、21％しか支持を得られていないという結果が出ました。

大方の予想を裏切り、1位になったのが「不安がなくなる本」で、僅差の2位が「やる気が出る本」です。

この結果を受けて私は、社長のマインドがすでに大きく変わったことを確信しました。

もちろん、社長のマインドが変わるということは、社長をとり巻く世界が変わっていることを意味しています。

ちなみに、同じくアマゾンで「社長　不安」と検索しても、それらしい本は全然見つけられませんでした。世間はまだ、この変化をキャッチできていないのでしょう。

「カラッと元気で前向きに！」「夢はでっかく大成功！」

かつての経営環境ならば、こんなノリでもよかったのでしょう。

ところが、もう能天気ではいられない世の中になりました。

会社のかじとりは難しくなり、「努力と苦労を継続しつつ、どうにかこうにかやっていくしかない」といったところが、多くの社長の実感ではないでしょうか。ジメっとした空気のなか、ひたむきに、重たいものを引きずる感覚です。

だから、「不安」に襲われることもあるし、疲れと閉塞感で「やる気」を失ってしまうこともあるのでしょう。アンケートの回答結果から垣間見ることができた現実です。

このあたりは、社長を対象とする会員組織を運営し、日ごろから相談を受けている私の感覚とも合致しています。

「儲けたい」という欲に向かって単純に突き進めた時代がおわり、「不安」や「やる気の欠如」といった心持ちを大切にしなければいけない時代が到来したともいえそうです。

こんな時代の変化に対応する本を書くことができたと思っています。
強がりは、もうヤメです。
見栄もいりません。
うまく、したたかに生きていきましょう。
他人の成功話に浮足立たず、できることをしっかりやりましょう。
そして、しぶとく生き残りましょう。

本書は、事業承継・廃業の実務家という役割から一歩踏み出し、社長の相談役という立場で書いた最初の本になります。語ったテーマの範囲は、過去の著作よりもずいぶん広いものになりました。

経営コンサルタントへの道に踏み込むきっかけをくださった小宮一慶先生からは、経営の原理原則を教えてもらい、素晴らしい仲間との出会いを受けとりました。
岡本吏郎先生とは直接の面識こそありませんが、セミナーや書籍等で大切な学びを山のように頂戴しました。私の発想や思考の根っこには、岡本先生から見せていただいたものばかりあるといっても過言ではありません。

お二人のほかにも、経営コンサルタントになるために、たくさんの師から学びました。ありがとうございました。


ともに仕事をしてくださっている仲間、学びと励ましをくれる友人、そして、経営に対する知見をもたらしてくださった中小企業の社長の皆様、一人ひとりのお名前をあげることはできませんが、皆さんのおかげでこれまでやってこられました。

出版の声をかけてくださった、明日香出版社の編集者である藤田さんからは、今回、大変ありがたい機会をいただきました。

飼い犬のポン吉（ポメラニアン）にも感謝です。毎日、夜が明ける前から「散歩に連れていけ！」と起こしてくれたおかげで、早朝の執筆時間を確保できました。

そして、そして、読者のみなさま、この本を手にとっていただきまことにありがとうございました。

本は、読者が存在して、はじめて本になれると感じています。皆様のおかげで『小さな会社の「生き残る社長」と「潰れる社長」の習慣』は、本として生まれることができました。

いよいよ今回の執筆作業もゴールのときがきました。

この本が、少しでも全国の社長のお役に立てることを願います。

2024年10月

社長の相談役　奥村聡

著者
奥村 聡（おくむら・さとし）
埼玉県川越市出身、関西学院大学社会学部卒業。

2002年司法書士資格を取得。開業後、借金処理や相続支援、会社分割等の会社再編コーディネートを手掛ける。

事務所を他社へ譲渡してからは、経営コンサルタントに転身。廃業やＭ＆Ａ、社内承継などの「会社の着地」の場面を中心に、北海道から沖縄まで1000社を超える支援実績を有する。

社長たちから公私にわたる数々の相談を受け、人生そのものに触れてきた。

「おわりを良くする」をモットーとし、納得の社長人生を届けるために活動する。


ＮＨＫスペシャル『大廃業時代』に、"会社を看取るおくりびと"として出演。

著書に『社長、会社を継がせますか？廃業しますか？（翔泳社）』、『0円で会社を買って、死ぬまで年収1000万円（光文社新書）』等がある。

○社長の相談役　奥村聡　公式ホームページ
https://office-okumura.jp/

小さな会社の「生き残る社長」と「潰れる社長」の習慣

2024年12月19日 初版発行

著者　奥村 聡
発行者　石野栄一
発行　明日香出版社
〒112-0005 東京都文京区水道2-11-5
電話 03-5395-7650
https://www.asuka-g.co.jp
デザイン　菊池祐（ライラック）
イラスト　岡田丈
組版　白石知美（システムタンク）
校正　鷗来堂
印刷・製本　中央精版印刷株式会社

ISBN 978-4-7569 -2381-3

本書もオススメです

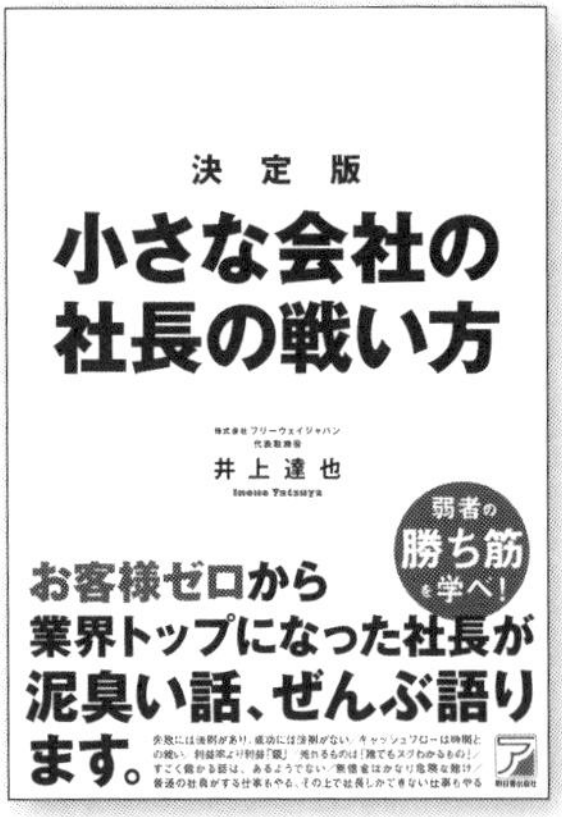

決定版
小さな会社の
社長の戦い方

井上 達也・著

1750円（＋税）
2023年発行
ISBN978-4-7569-2300-4

お客様ゼロから業界トップになった社長が
泥臭い話、ぜんぶ語ります。

小さな会社は、いかにして戦うか―――。この古くからある命題に、真正面から切り込むのが本書です。

そもそも世の中には、中小企業経営の「本当の話」を赤裸々に語った本が非常に少ないものです。
会社を経営したことのない人が書いた数字ばかりの経営指導書、小さな個人事業を営んでいる経営コンサルタントの本は、魚釣りをしたことがない人が人に魚の釣り方を教えるようなものです。

一方で本書の著者である井上氏は、ゼロから起業し、4000 社以上顧客を増やして会社を急成長させた創業・現役社長です。280 円のノリ弁当を買うお金にも困ったドン底から、商品開発や販売マーケティングの勘所、金融機関との付き合い方や人材の見抜き方など、およそ経営者が悩むであろうポイントを網羅します。

あらゆる辛酸を舐め、獅子奮迅の戦いの中から見出した経営法は、小さな会社を率いる多くの社長の「希望の書」になるはずです。